Werner Backes

Drachen kombinieren und verketten

Otto Maier Ravensburg

Alle in diesem Buch veröffentlichten Abbildungen und Modelle sind urheberrechtlich geschützt und dürfen nur mit ausdrücklicher schriftlicher Genehmigung des Verlages und der Urheber gewerblich genutzt werden.

CIP-Titelaufnahme der Deutschen Bibliothek

Backes, Werner:
Drachen kombinieren und verketten /
Werner Backes. –
Ravensburg: Maier, 1989
   ISBN 3-473-42284-3

© 1989 Ravensburger Buchverlag Otto Maier GmbH
Alle Rechte vorbehalten
Umschlaggestaltung: Ekkehard Drechsel
Fotos und Zeichnungen: Werner Backes
Satz: E. Weishaupt, Meckenbeuren
Gesamtherstellung: Himmer, Augsburg
Printed in Germany

92 91 90 89   4 3 2 1

ISBN 3-473-42284-3

Inhalt

6 Vorwort

7 Einführung
7 Definitionen
7 Bauen
10 Orientieren

11 Drachen kombinieren
15 Sleds zum Kombinieren
15 Sledkombinationen
18 Kastenkombinationen
22 Kastendrachen zusammenstecken
26 Verschnürte Kastenkombinationen
30 Himmelsstürmerkombinationen
34 Vereinfachter Himmelsstürmer
34 Peter-Lynn-Kastendrachen
42 Peter-Lynn-Kombinationen
44 Kastendrachen aus Flächenelementen

46 Einfache und kleine Ketten
47 Ketten aus Papiersleds und Papierfaltdrachen
47 Papiersledkette
50 Kette aus Papierfaltdrachen
51 Start kleiner Ketten
54 Eddy-Winzling- und Gespensterkette
58 Gespensterkette
59 Drachenviereckkette
62 Flaggenkette
63 Blümchenkette

66	**Leistungsfähige Ketten**
70	Himmelsleiter
71	Start und Landung der Himmelsleiter
73	Regenschirmkette
78	Kette aus Koreanischen Rechtecken
82	Ketten mit Schwänzen
	Verwahren – Transportieren – Starten
83	Lieschenkette
87	Eddy-Ketten
90	Delta-Kette
94	Kastendrachenkette
98	Dreieckskastenkette
98	Doppelkastenkette
99	Himmelsstürmerketten
103	Peter-Lynn-Kette
106	Starten und Landen
108	**Besondere Ketten**
110	Drachen an Seitenleinen
114	Drachenbaum
115	Bunte Drachenzüge
116	Drachen als Fähren
118	Tatzelwurm Justinus
123	**Sicherheit und Informationen**
123	Sicherheitsfragen
124	Drachenfeste und Bauaktionen
124	Informationen vom DCD
126	Einkaufsquellen
126	Zum Schluß
127	Literatur (Auswahl)
128	Register

Meine große Peter-Lynn-Kombination 4 + 1 beim Drachenfest in Scheveningen/Holland 1988. An der Leine Eckard Schaaf, Stuttgart, im Gespräch mit DCD-Präsident Rolf Seligmann.

Vorwort

Das Thema „Drachen kombinieren und verketten" entstand aus der Lust am Experimentieren mit den vielen hundert Drachen, die ich in den letzten Jahren gebaut habe. Ich will Ihnen zeigen, wie Sie mit recht einfachen Mitteln großartige Drachengebilde schaffen können, und Ihnen Anregung und Ermunterung zur Verwirklichung Ihrer eigenen Ideen geben.
Alle Drachen, Kombinationen und Ketten, die ich Ihnen vorstelle, sind, sofern es nicht ausdrücklich anders vermerkt ist, von mir selbst gebaut worden. Nur Objekte, die nach gründlicher Erprobung zuverlässig flogen, habe ich in dieses Buch aufgenommen.
Ganz im Vordergrund stehen, wie schon in meinen vorausgegangenen Büchern, die Bauanleitungen. Darüber hinaus gebe ich manchen Hinweis auf Transport, Start und Landung dieser großen Flugapparate, aber auch auf mögliche Gefahren, die ich Ihrer besonderen Beachtung anempfehlen möchte, um Sie vor Schaden zu bewahren.
Folgen Sie mir nun in die Welt der 500 Drachen, die ich hier für Sie vorgebaut habe, und erleben Sie mit mir die Freuden einer in jeder Hinsicht erhebenden Liebhaberei.

Werner Backes

Einführung

Definitionen

Drachen, in dem hier gebrauchten Sinne, sind Flugkörper, die an einer Schnur schräg in den Wind gestellt werden und dadurch einen Auftrieb erfahren.
Drachenkombinationen sind flugfähige Drachen, die aus mehreren Grundbausteinen aufgebaut sind. Die einzelnen Grundbausteine stellen, richtig angebunden und eventuell mit einem Schwanz ergänzt, selbst flugtaugliche Drachen dar.
Als Ketten bezeichne ich Flugkörper aus aneinandergereihten Drachen gleicher oder ähnlicher Bauart, die untereinander durch eine oder mehrere Schnüre verbunden sind, wobei jedes Kettenglied einen Auftrieb erfährt, der auf einer Leine wirksam wird.

Bauen

Der Bau aller Flugkörper, die Sie in diesem Buch finden, erfordert in der Regel einen großen Material- und Zeitaufwand. Sie müssen also jedes Bauvorhaben ganz sorgfältig planen. Lesen Sie meine gedrängte Bauanleitung sehr aufmerksam durch, und gehen Sie den Querverweisen nach. Versuchen Sie, Ihre Familie oder Freunde für Ihre Pläne zu begeistern und schon an Ihren ersten Überlegungen zu beteiligen, denn diese Großprojekte eignen sich hervorragend für gemeinsame Aktionen. Machen Sie selbst Skizzen und Notizen, vor allem wenn Sie eigene Varianten verwirklichen wollen, und besorgen Sie dann alle Materialien, die Sie in den Anleitungen aufgelistet finden.

Materialbedarf zwischen schwarzen Balken

Literaturverzeichnis
Seite 127.

Auf die Beschreibung der einzelnen Werkstoffe und Ihre Verarbeitung mußte ich hier verzichten, um den Rahmen des Buches nicht zu sprengen. Bei manchen Drachen, die ich an anderer Stelle schon ausführlich dargestellt habe, halte ich die Bauanleitung möglichst kurz, um dem eigentlichen Problem, dem Aufbau der Kombinationen und Ketten, genügend Raum zu geben. Grundlegende Darstellungen finden Sie in meinen vorausgegangenen Büchern (Lit. 1 bis 3).

Zum Teil habe ich die schon früher veröffentlichten Bauanleitungen hinsichtlich der Anfertigung einer größeren Stückzahl an Drachen, die ja für die angestrebten Objekte immer vonnöten ist, modifiziert, das heißt in der Regel vereinfacht, um Bau- und Aufbauzeit zu verkürzen und die Modelle den neuen Verwendungszwecken anzupassen.

Alle Maßzahlen ohne Benennung sind Maße in cm.

Beachten Sie, daß die Zeichnungen in sehr unterschiedlichen Maßstäben gehalten sind, um Ihnen die wichtigsten Details klar zeigen zu können. Wo es sinnvoll ist, sind die Zeichnungen in cm vermaßt. Nur wenn eine andere Maßeinheit als cm gelten soll, ist diese Dimension angegeben.

Vertikalwaagen mit Maßangaben der Schenkel oben/unten.

Entscheidend für die Flugfähigkeit der großen Drachengebilde ist ihre richtige Stellung zum Wind, die bei den meisten Kombinationen nicht durch eine Vertikalwaage, sondern allein durch die richtige Wahl der Befestigungspunkte für die Leine oder für die Horizontalwaage erreicht wird. Diese Punkte habe ich genau eingezeichnet und die Maße aller Waagenschenkel angegeben. Dennoch müssen Sie immer die genauen Befestigungspunkte und Waageneinstellungen an Ihren eigenen Drachen überprüfen und nachjustieren.

Sie haben mehr Möglichkeiten als Sie annehmen.
Fangen Sie an!

Bevor Sie sich zum Bau vieler Drachen entschließen, um ein richtig großes Objekt zu realisieren, überfliegen Sie zunächst alle Möglichkeiten, die ich Ihnen in diesem Buch anbiete. Vielleicht kommen Sie schon sehr schnell, ohne ein umfangreiches Bauprogramm zu erfüllen, aus dem Drachenbestand, den Sie bereits besitzen, zu einem lukrativen Fluggerät.

„Gruß an Lecornu" nannte ich diese Kombination aus
14 Kastendrachen in Erinnerung an die vielzelligen Kastendrachen des französischen Drachenpioniers Joseph Lecornu.
Der große Apparat fliegt auf der Kante des Drachens 10
selbst bei unruhigem Wind sehr stabil (s. S. 27).

Orientieren

Prägen Sie sich die wichtigsten Bestandteile eines Drachens ein. Große Verwirrung gibt es immer wieder mit der räumlichen Orientierung am Drachen. Bei allen Drachen, auch bei den Kombinationen von Kastendrachen, halte ich mich ganz streng an die hier festgelegten Ortsbezeichnungen (oben, unten, hinten, vorne) unabhängig davon, ob aus der Fluglage der Drachen eine andere räumliche Ordnung denkbar wäre.
Viele Drachen lassen sich direkt anbinden. Bei den Waagen unterscheide ich, die verstellbaren Vertikalwaagen, mit deren Hilfe man die Stellung der Drachen im Wind verändern kann, und Horizontalwaagen, deren Befestigungspunkte in einer horizontalen Linie am Drachen liegen und daher keine entsprechenden Einstellungsmöglichkeiten bieten.

Sie werden öfter auf diese Abkürzungen stoßen: Bft: Beaufort (Windstärke) GF: Glasfaser, GFK: Glasfaserverstärkter Kunststoff, h: hinten Kb: Klebeband, Kf: Klebefilm, lfm: laufender Meter, v: vorne, W: Waage.

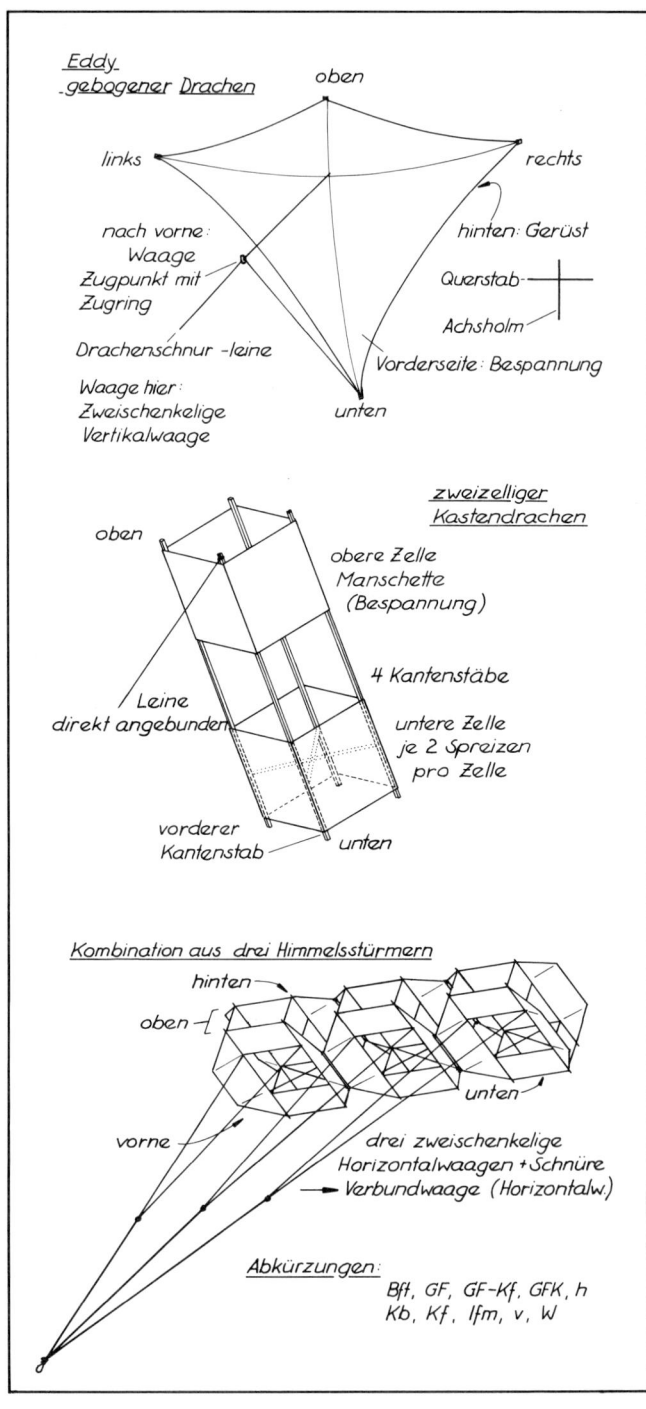

Drachen kombinieren

Für Drachenkombinationen eignen sich vor allem die Drachen, die in einem klaren wiederkehrenden Rastermaß angelegt sind. Obwohl dafür auch Flachdrachen z.B. Quadrate und Hexagons in Frage kommen, habe ich mich nur auf räumliche Drachen beschränkt, die sich ohne viele Zusatzteile selbst versteifen können. Etwas aus dem Rahmen fällt hierbei nur der Sled, der aber so überzeugende Eigenschaften in seinen großen Kombinationen bot, daß ich seine Betrachtung für unverzichtbar erachte, zumal die großen Sledkombinationen Zugkräfte entwickeln, die man sonst nur unter Einsatz wesentlich größerer Mittel erreichen kann.

Die größte Arbeit wird immer sein, die Modelle in der benötigten Zahl anzufertigen. Da aber alle Bausteine auch selbständig fliegen können, sich sehr einfach zusammenfügen und auch wieder trennen lassen, empfehle ich vor allem Freundeskreisen, Jugend- und Projektgruppen, Schulklassen oder auch den neuerdings aufblühenden örtlichen Drachenclubs, sich eines dieser Objekte vorzunehmen.

Für die Verbindungsteile werden Sie recht wenig Aufwand treiben müssen. Steckverbindungen aus PVC-Schläuchen sind in vielen Fällen nützlich, bei manchen Peter-Lynn-Verbindungen fast unersetzlich, aber ansonsten werden Sie auch mit nach Bedarf von alten Fahrradschläuchen abgeschnittenen Gummiringen, notfalls auch mit etwas Schnur und Klebeband auskommen.

Sledkombinationen können schon einen leichten Windhauch nutzen, wenn er nur beständig weht. Nur die Fünferkombination muß mit einem Spreizstab offengehalten werden.

Die Sechserkombination wird aus zwei Dreierkombinationen aufgebaut. Ihre ausgezeichneten Flugeigenschaften ermunterten mich zu weiteren Experimenten dieser Art.

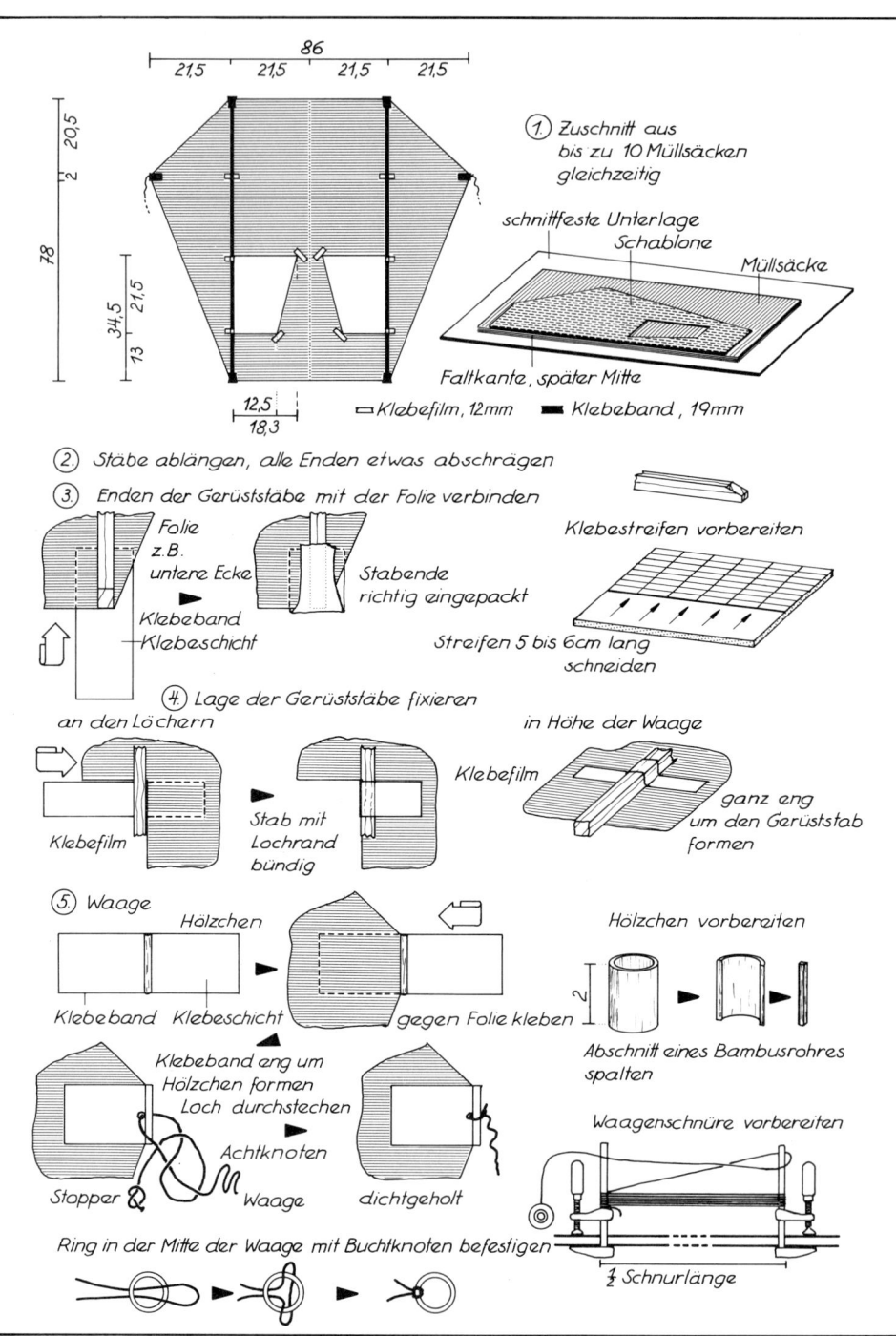

Sleds zum Kombinieren

Für einen einzelnen Sled brauchen Sie: Einen 90-Liter-Müllsack oder entsprechende Kunststoffolie. 2 Ramin- oder Kiefernleisten, 78 cm lang, Querschnitt 5 x 5 mm. Klebeband 19 mm breit, schmalen Klebefilm. 2 cm Bambusrohr. Geflochtene Schnur, ø 1 mm für die Waage.

Richten Sie sich beim Bauen nach den nebenstehenden Zeichnungen. Beachten Sie auch die Vorschläge, die Sie zum rationellen Bau vieler Sleds oder bei Drachenbauaktionen nutzen können.
Sleds gibt es mit vielen Lochformen. Die dargestellte Form nach Ed Grauel hat sich bei meinen Kombinationen am besten bewährt.

Sledkombinationen

Sledzweierkombinationen bilden die Grundbausteine für die riesige Himmelsleiter auf Seite 70. Die Dreier- und Fünferkombinationen und die daraus abgeleiteten Flugkörper aus 6 und 15 Sleddrachen bieten mit ihren großen Zugkräften viele Spielmöglichkeiten, z.B. mit einer Fähre oder zur Luftfotografie.

Der Schlittendrachen oder Sled ist das beliebteste Drachenmodell für Drachenbauaktionen, weil sich kaum ein anderer Drachen so schnell aus vorbereiteten Materialien bauen läßt und den Erbauer mit einem schnellen Erfolgserlebnis überrascht.

Mit nur ganz geringem Aufwand und etwas Fantasie kann man aus mehreren Sleds ganz großartige Fluggeräte zusammenstellen, die z.T. enorme Zugkräfte entwickeln und daher die Grundlage zu vielen weiteren Drachenspielen liefern können.

Wichtig ist, daß alle Ihre Sleds genau gleiche Maße haben. Ich verwende eine Schablone aus Sperrholz (auch eine Hartfaserplatte eignet sich), die einen halben Sled darstellt, lege 10 Müllsäcke genau übereinander und schneide dann mit einem scharfen Bastelmesser alle 20 Folienlagen gleichzeitig durch. Auch die gleichlangen Klebeband- und und Klebefilmstreifen bereite ich auf einer kunststoffbeschichteten Platte vor. Gleiche Waagenschnüre erhält man, wenn man die entsprechende Schnur mit der benötigten Anzahl von Windungen zwischen zwei Schraubzwingen spannt und dann gleichzeitig durchschneidet.

Als besonders reizvoll könnte ich es mir vorstellen, wenn im Anschluß an eine Sledbauaktion die Teilnehmer ihre Drachen vorübergehend in ein gemeinsames Großprojekt einbrächten. Der Start dieses Großdrachens könnte zum Höhepunkt eines Festes werden.

Bei allen Sledkombinationen wendet man die Gerüststäbe nach außen, um sie dann mit Klebeband, Kabelhaltern (S. 16) oder Pflanzenbindern (S. 22) zusammenzubinden. Dreier- und Sechserkombinationen kommen ganz ohne Querstäbe aus. Dagegen braucht man für die Fünferkombinationen und die daraus aufgebaute Fünfzehnerkombination Querstäbe, die an den Kielspitzen angebracht werden.

Überrascht war ich, wie zuverlässig die Sledkombinationen flogen und wie problemlos Start und Landung auch bei sehr starkem Wind verliefen. Allerdings wäre es vermessen, sie bei stark böigem Wind, bei dem auch einzelne Sleds instabil sind, fliegen zu lassen.

Wenn man zwei Sleds nebeneinander anordnen möchte, genügt es, die Gerüststäbe an zwei Stellen zu verbinden und die beiden Waagen mit einem Buchtknoten an einem Ring zu vereinen. Bei den größeren Kombinationen werden auch die Kielspitzen zusammengehalten und mit zusätzlichen Schnüren Verbundwaagen aufgebaut.

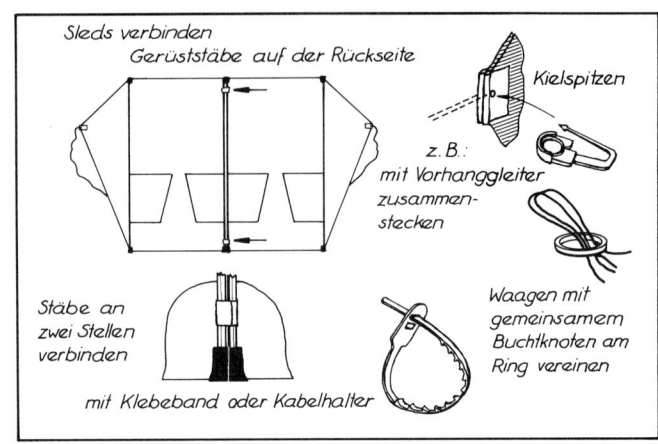

Bei der Dreierkombination werden die Kielspitzen des mittleren Sleds an den Kielen links und rechts festgesteckt (s.o.).
Zwei Dreierkombinationen befestigt man an zwei Längsstäben mit acht Klebebändern oder Kabelhaltern zu einer Sechserkombination. Eine weitere Schnur vereinigt die Kräfte in einem Zugpunkt.

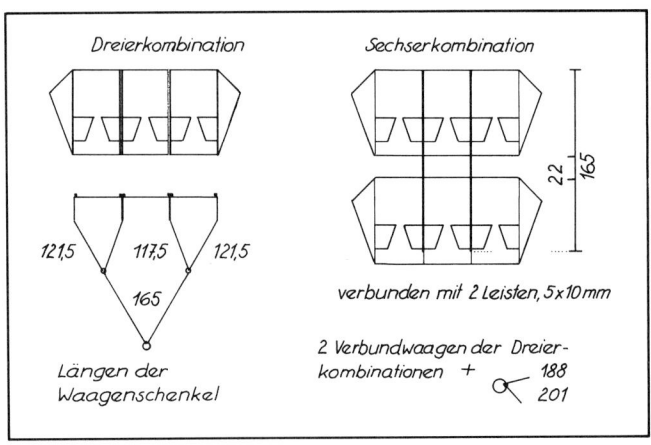

Am Spreizstab der Fünferkombination befestigen Sie mit Schnurwicklungen D- oder Dosenringe, die eine schnelle Montage, z.B. mit Vorhanggleitern, die gleichzeitig die Kielspitzen zusammenhalten, ermöglichen. Die drei Schenkel der Waage stellen Sie am besten mit einer Einstellhilfe (Lit. 2, S. 16) ein.

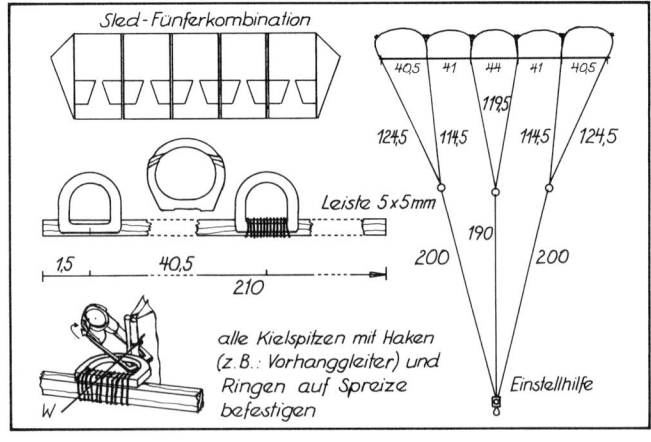

Die Sled-Fünfzehnerkombination bietet sich als großer Zugdrachen an (s. S. 117). Deutlich sieht man die vielschenkelige Verbundwaage, die fein abgestimmt sein muß.

Drei Fünferkombinationen werden auf zwei Längsstäben mit den Querschnitten 10 x 10 mm zur Fünfzehnerkombination zusammengebaut. Die Waage, die Sie immer an Ihrem eigenen Modell austesten müssen, ist dann richtig eingestellt, wenn alle Baldachine der Sleds durch den Wind einwandfrei ausgebauscht werden.

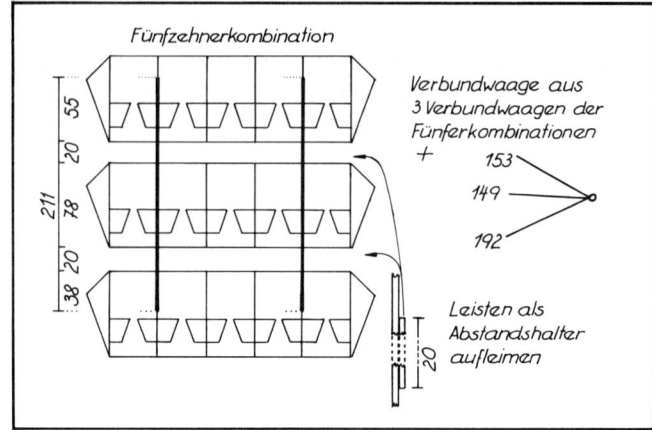

Starten und landen

Die Kombinationen aus zwei und drei Sleds kann man direkt in die Fluglage hochschwingen und damit den üblichen Start aus der Hand einleiten. Die großen Kombinationen legt man auf den Rücken und richtet sie durch Zug an der Leine auf. Nur beim Start der Fünfzehnerkombination sollten Sie einen Helfer beschäftigen, der das Aufrichten des Fluggeräts so unterstützt, daß die Längsstäbe nicht brechen können.

Beim Landen holen Sie die Leine so weit ein, bis die Unterkante der Drachen beinahe den Boden berührt. Dann nehmen Sie den Zug auf der Leine so plötzlich weg, daß die Kombination kraftlos auf den Rücken fällt, um gesichert und geborgen werden zu können.

Kastenkombinationen

Für ein Kastenelement brauchen Sie:
0,5 x 1 m Tyvek; Raminleisten, 5 x 5 mm,
(4x) 80 cm, (2x) 34,6 cm,
(4x) 17,3 cm lang.
22 cm PVC-Schlauch,
ø innen 6 bis 7 mm,
1,6 cm enges Panzerrohr
Alleskleber, Holzleim,
Schnurreste, Tyvekreste;
Waage (nur bei Bedarf).

Mit einer Reihe einfacher Kastendrachen als Grundbausteine kann man kleine, aber auch wirklich spektakuläre Kombinationen aufbauen. Wenn Ihnen die Anfertigung vieler Kastendrachen zu mühselig erscheint, finden Sie vielleicht andere Drachenfreunde, mit denen Sie sich zum Bau vollkommen gleichartiger Modelle verabreden können.

Dieses Modell habe ich schon mehrmals beschrieben. Um einen rationellen Bau zu ermöglichen, habe ich die Verarbeitung der Tyvekbahnen vereinfacht und den Spreizenmechanismus so verändert, daß der Kastendrachen als flaches Element transportiert und im Gelände in wenigen Sekunden gespannt werden kann.

Fertigen Sie aus einer Hartfaserplatte eine Schablone für die Kastenmanschetten an. Wenn Sie mit einem Lötkolben entlang der Kante dieser Schablone „zuschneiden", können Sie auf eine Saumzugabe verzichten. Bemalen Sie die Tyvekbahnen jetzt mit preiswerten Acryl-Abtönfarben.

Mit etwa 10 cm langen Leisten halten Sie die Schlauchstücke, bis Sie diese als Spreizenlager auf den Kantenstäben befestigt haben. Kleben Sie die Kantenstäbe mit je zwei Flächen in die Tyvekbahnen. Über die Stoßnaht am Kantenstab 1 leimen Sie den Tyvekstreifen TS.

Schneiden Sie von dem Panzerrohr (Elektroinstallationsrohr) mit der Säge zwei Ringe ab, die Sie je an einer Stelle aufschneiden. Diese Ringe aus Panzerrohr befestigen Sie in der Mitte der durchgehenden Spreizen. Die geteilten Spreizen werden in 3 cm langen Schlauchstücken, die in der Mitte von einer Seite her zu zwei Dritteln eingeschnitten werden, zusammengesteckt.

Für den Schnellaufbau transportieren Sie den Kasten zusammengefaltet, ohne die Spreizen zu entnehmen.

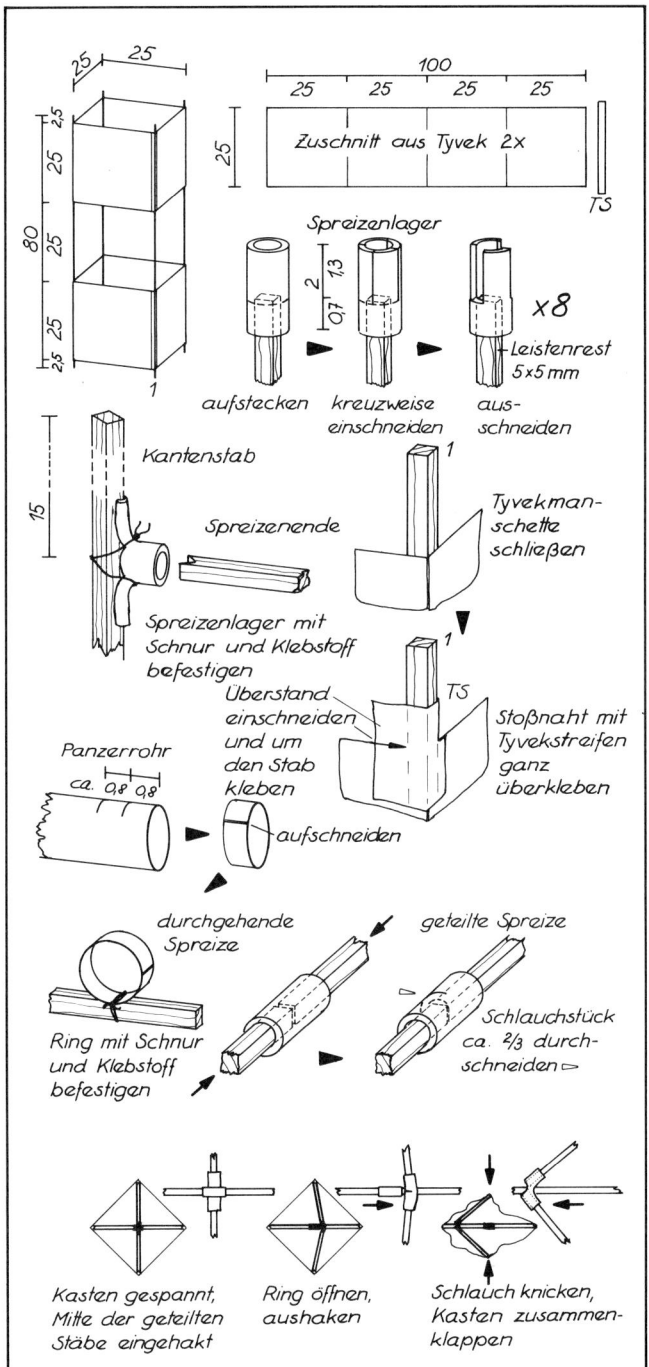

Foto oben:
An die Zweierkastenkombination wird ein weiterer Kastendrachen angesteckt. Rechts meine inhaltsreiche Bereitschaftstasche und zusammengeklappte Kastendrachen, wie ich sie ihrem Transportbehälter, einem Sack aus Nessel, entnommen habe.

Foto rechts:
Gesteckte Zweier-, Dreier- und Viererkombinationen. Diese Drachen eignen sich für mittleren bis starken Wind (getestet bis Windstärke 6 Beaufort).

Zwei Dreier- und eine Sechserkombination. Diese leistungsfähigen Modelle lassen sich noch weiter zu wesentlich größeren Gebilden ausbauen.

Kastendrachen zusammenstecken

Am schnellsten sind die selbstversteifenden Kombinationen mit der Stecktechnik mit Hilfe von Abschnitten dünnwandiger PVC- oder PE-Schläuche aufzubauen. Sehr praktisch sind auch Ringe, die man aus alten Fahrradschläuchen gewinnt, Kabelhalter (s. S. 16) und Pflanzenbinder.

Die passenden Schlauchstücke werden auf die Enden der Kantenstäbe geschoben. Mit kurzen Leistchen (schwarz gezeichnet), können Sie die Lage der Stäbe zusätzlich fixieren. Wenn Sie Gummiringe, die Sie mehrfach um die Stäbe schlingen, oder Pflanzenbinder verwenden, umgehen Sie das Problem unterschiedlicher Schlauchweiten.

Problemlos stabil fliegen die einfachen Kastenkombinationen, wenn man sie nur an einem Punkt oder über eine „Horizontalwaage" (s. S. 26) anbindet. Die Kombinationen können Sie auch mit zwei- oder mehrschenkeligen Vertikalwaagen fliegen, mit deren Hilfe sie besser in den Wind gestellt werden.

Um die Kastenkombinationen aus den genau gleichen Grundmodellen aufzubauen, sind nur ganz wenige zusätzliche Materialien nötig. Sofern sich die Kombinationen selbst versteifen, genügen Abschnitte von PVC-Schläuchen und/oder Gummiringe von einem Fahrradschlauch. Für manche Kombinationen benötigt man zusätzliche Schnüre, um das Gebilde in Form zu halten oder auch um die Kräfte vom Befestigungspunkt der Waage oder der Drachenleine auf mehrere Drachenelemente zu verteilen. In vielen Fällen kann eine Kombination direkt an der Drachenleine angebunden werden. Dort, wo ich eine Waage verwendet habe, ist sie in den Zeichnungen mit den Maßen angegeben.

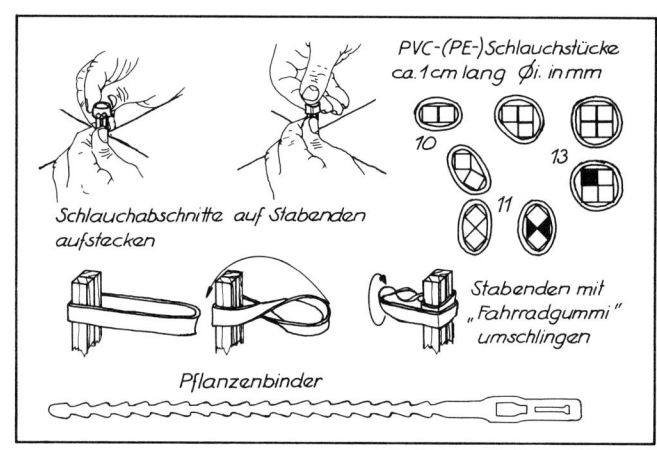

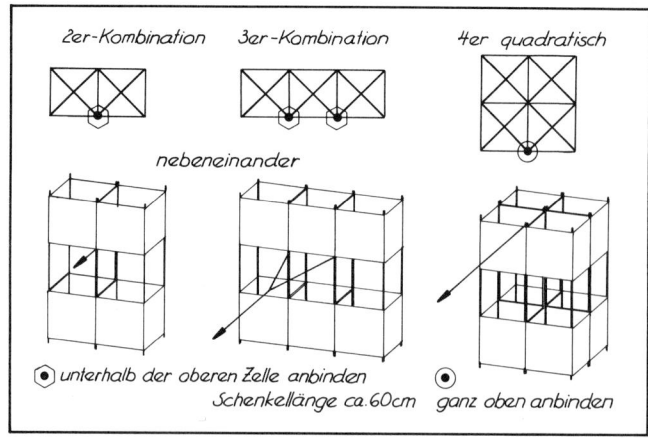

Sorgen Sie mit einem kurzen Stück Klebeband dafür, daß die Schnüre nicht abspringen können.
Von den Dreierkombinationen ist die Anordnung, die ein gleichschenkeliges Dreieck in der Mitte umschließt, ganz besonders flugtüchtig.
Die Sechserkombination kommt noch sehr gut ohne zusätzliche Versteifungen aus.

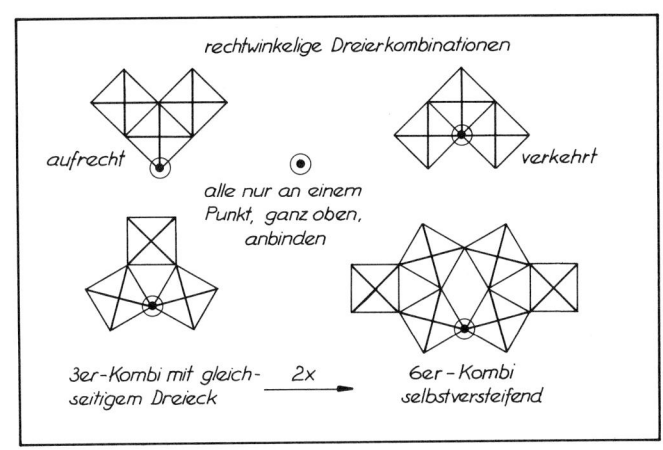

Die große 12er-Kombination ist optisch am eindrucksvollsten. Sie ist mechanisch außerordentlich stabil und liegt ruhig in der Luft. Die eingezeichnete Verschnürung, die mit Webeleinensteks (s. S. 26) angebracht wird, soll nur die Kräfte von den Befestigungspunkten auf die inneren Kastenelemente weiterleiten.

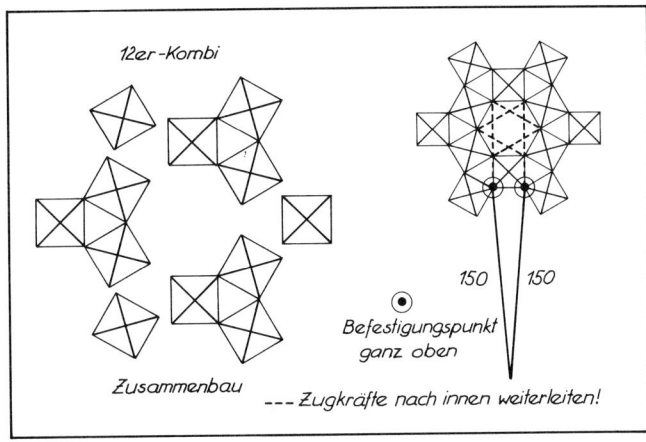

Beim Aufbau dieser riesigen Kombination bekam ich ob des großen Risikos, dem ich meine Drachen aussetzte, etwas Herzklopfen. Nachdem die Befestigungspunkte gefunden waren, erwies sich meine Sorge als vollkommen unbegründet. Ein fantastisches Fluggerät stand ruhig im kräftigen Wind und kehrte sicher wieder zum Boden zurück.

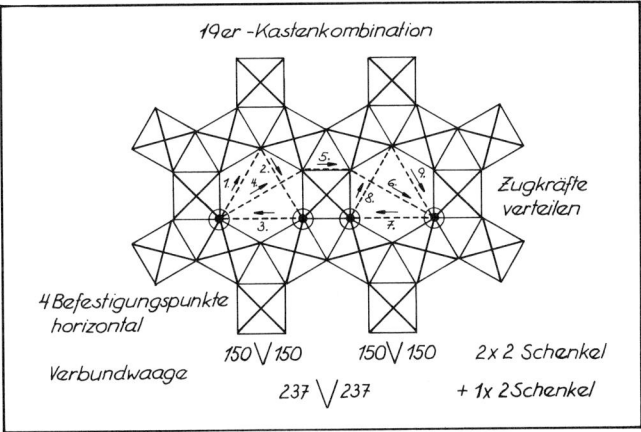

Drei Kastendrachen, rechtwinkelig zusammengesteckt, kann man in verschiedenen Stellungen fliegen. Die Achterkombination ist ein Hochleistungsdrachen.

Beim Zusammenbau der zwölf Kastendrachen richtet sich die Form selbst ein. Der Flug ist vollkommen unproblematisch. Aber Vorsicht, wenn der Wind plötzlich wegbleibt!

Wenn man die Kastenkombinationen nach unten ausbauen und im Raster bleiben möchte, wendet man diese Verbindungsmethode mit einem Gummiring an. Es müssen aber nicht alle Stabenden auf diese Weise versorgt werden. Parallel zu den Stäben lege ich eine kurze Leiste an der Stelle, wo ich die Leine direkt anbinde.

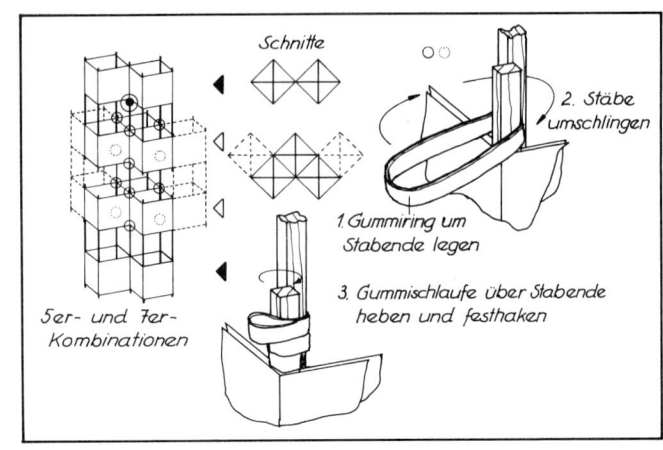

5er- und 7er-Kombinationen

Schnitte

1. Gummiring um Stabende legen
2. Stäbe umschlingen
3. Gummischlaufe über Stabende heben und festhaken

Verschnürte Kastenkombinationen

Als günstigster Knoten für diesen Zweck hat sich der Webeleinenstek erwiesen, der nicht nur schnell anzubringen ist, sondern auch leicht zu lösen geht, indem man ihn einfach von den Stabenden abstreift, wobei der Knoten auseinanderfällt und die Schnur wieder ganz frei ist.

Am losen Ende sichert man den Webeleinenstek mit einem Überhandknoten als Stopper. An jeder beliebigen Stelle einer Schnur kann man einen Webeleinenstek anbringen, wenn man die Augen um zwei Finger formt und (wie gezeichnet) nebeneinanderlegt. Der Knoten läßt sich leicht lockern, um die Schnur nachzuspannen.

Scheuen Sie sich nicht auch solche Apparate aufzubauen, die zusätzlich durch einige Schnüre in Form gehalten werden müssen. Die Spannschnüre lassen sich im Gelände sehr schnell anbringen, wenn Sie die Knoten etwas geübt haben. Es hat sich bewährt, immer einen Kastendrachen mehr, als für die Kombination vorgesehen, aufzubauen. Dieser zusätzliche Drachen wird vorübergehend dort angefügt, wo ein Winkel oder das Rastermaß beim Verschnüren eingehalten werden muß. Auch bei diesen Kombinationen genügt es, die Leine direkt in einem Punkt oder über eine „Horizontalwaage" (so nenne ich Waagen, deren Befestigungspunkte in einer horizontalen Linie liegen) anzubinden.

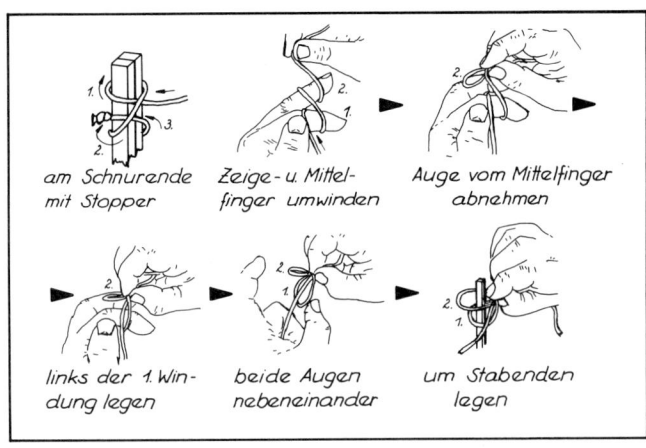

am Schnurende mit Stopper

Zeige- u. Mittelfinger umwinden

Auge vom Mittelfinger abnehmen

links der 1. Windung legen

beide Augen nebeneinander

um Stabenden legen

Es genügt, wenn Sie diese Drachen an der Oberseite mit Schnüren verspannen.
Wenn ich eine Horizontalwaage vorschlage, wo auch eine direkte Leinenbefestigung möglich wäre, so geschieht es aus zwei Gründen: Die Waage sorgt für günstigere Kräfteverteilung und verbessert darüber hinaus die Flugstabilität.

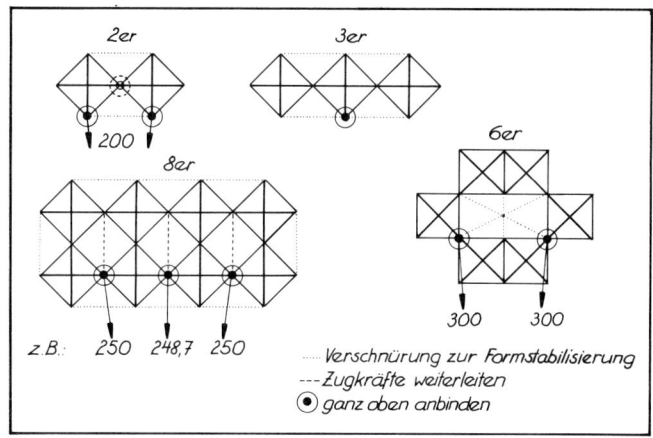

Beim Verspannen der Vierer- und Sechserkombinationen hilft Ihnen ein zusätzliches Kastenmodell, die Form genau einzurichten.
Der große Drachen aus vierzehn Grundbausteinen, den ich „Gruß an Lecornu" nenne, kommt ohne Verschnürungen aus. Er wird an einer vierschenkeligen Horizontalwaage geflogen (Foto S. 9).

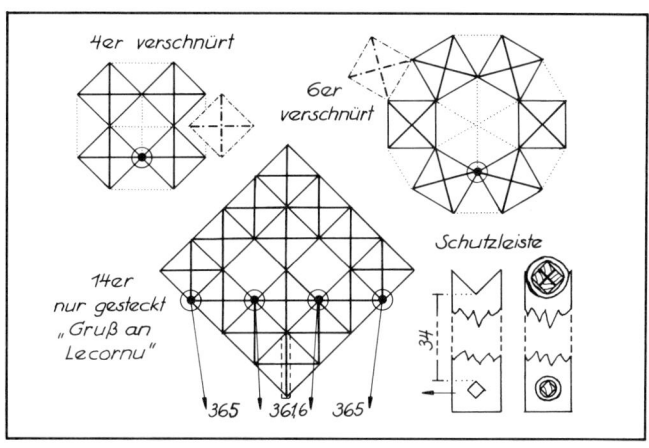

Gerade bei so großen Kombinationen ist die Kante, auf der der Drachen fliegt, unten besonders gefährdet. Eine Holzleiste, die nur das eine Grundelement zusätzlich versteift, bringt einen guten Schutz. Im Beispiel (Zeichnung) ist sie an den Überständen der Kantenstäbe mit PVC-Schlauchstücken festgesteckt.

In diesem Kapitel habe ich Ihnen nur Kastenkombinationen vorgestellt, mit denen ich selbst sehr gute Erfahrungen gemacht habe. Experimentieren Sie, ich habe Ihnen viele Spielarten übriggelassen!
Der Start macht keine Mühe. Bei den kleineren Kombinationen gelingt er direkt aus der Hand. Ansonsten stellt man die Kasten aufrecht auf den Boden, legt etwa 20 bis 30 m Leine aus und bringt den Drachen mit einem kurzen Zug an der Leine in die Luft. Nur die große 19er-Kombination ließ ich mir beim Start hochhalten. Im Flug wird es kaum Probleme geben. Die größte Gefahr droht bei der Landung. Schützen Sie die Flugkante unten, und meiden Sie harte Aufsetzer.

Die sechs Kastendrachen, die ein regelmäßiges Sechseck umschließen und mit einer umlaufenden Schnur in Form gehalten werden, stehen in ihrem Flugverhalten der großen Zwölferkombination kaum nach.
Die Kombination aus sieben Kastendrachen ist nur ein Beispiel für eine Reihe weiterer Möglichkeiten, die sich dadurch ergeben, daß man den Ausbau auch in der Längsachse weiterführt.

Eine große Achterkombination, die ähnlich wie die sieben Kastendrachen oben zusammengefügt wird. Man steckt zuerst zwei Dreierkombinationen zusammen, die dann mit Hilfe der beiden Drachen in der Mitte (01 und 02) verbunden werden.
Diese Anordnung wird ganz oben an einer kurzen Horizontalwaage angebunden.
Der Flug ist etwas pendelnd, aber stabil um eine gedachte Gleichgewichtslage.
Bei der Landung dieses langen Apparats ist ein(e) Helfer(in) willkommen.

Meine größte Kastenkombination kurz nach dem Abheben. In stetigem Wind können Sie die Leine ruhig anbinden, um die 19 Drachen einmal von der Gegenseite zu betrachten.

Himmelsstürmer-kombinationen

Sie brauchen für einen Himmelsstürmer:
1,4 lfm Spinnakernylon (96 cm breit) oder Tyvek.
Fichtenleisten, 5 x 5 mm, je 4x 82 cm und 88,5 cm lang.
Stoffreste (Inlettstoff) für die Taschen.
2 Ösen. Waage (s.u.), Nähzeug (Nähmaschine).

Der Himmelsstürmer ist ein hervorragender Leichtwinddrachen, der aber auch bei mittleren Windgeschwindigkeiten gut zu beherrschen ist. Diese guten Flugeigenschaften und der hochsymmetrische Bau reizten mich, ihn als Grundbaustein für Drachenkombinationen auszuwählen. Es waren gegenüber dem Ausgangsmodell (Lit. 1) nur geringfügige Änderungen nötig, um den einfachen Zusammenbau der Kombinationen zu ermöglichen. Überrascht haben mich nicht nur die gegenüber dem einfachen Drachen weiter erhöhten Flugleistungen, sondern auch die Tatsache, daß sich die zunächst eingeplanten zusätzlichen Versteifungen weitgehend als unnötig erwiesen.

Die Längsstäbe verlaufen in nach innen abgenähten Taschen und stehen an den Enden jeweils 2 cm über. Die Spreizstäbe liegen hinter den Flügeln. Ihre Enden werden in kleinen Taschen (T) an den Ecken der Flügel gehalten. Beim Zuschneiden verwenden Sie für die Zellenwände und die Flügel je eine Schablone. Schneiden Sie diesen Schablonen entlang mit einem Lötkolben, dann können Sie auf eine Saumzugabe an den Kanten verzichten. Natürlich können Sie diese Modelle auch aus dem preiswerteren Tyvek ebenfalls nur mit verschmolzenen Kanten bauen.
Die einzelnen Schritte des Zusammennähens habe ich in Lit. 1 sehr ausführlich beschrieben.

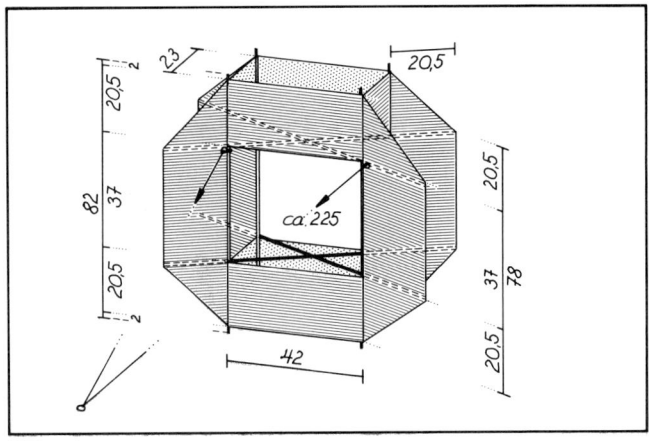

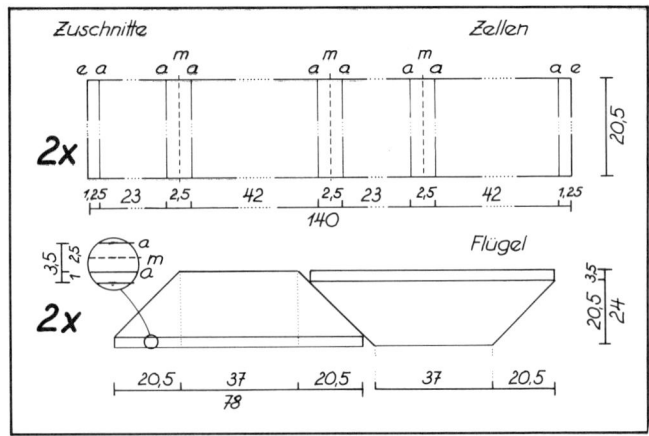

Die Taschen formen Sie mit Gewebekleber oder verdünntem Weißleim. Sie werden so auf die Rückseite der Flügel genäht, daß die Laschen (L) überstehen. L dient den seitlichen Verbindungen. Flügel und Zellenwände werden mit einer Naht entlang a/a zusammengefügt, wobei gleichzeitig die Taschen für die Längsstäbe nach innen abgenäht werden. (Siehe auch Lit. 1, S. 86 ff).

Um einen Drachen seitlich anzufügen, benötigen Sie vier Spangen aus steifem Draht und vier Dosenklemmen. Nur die Dreierkombinationen und die zwei Himmelsstürmer hintereinander werden mit Leisten, die jeweils an den Kreuzungen der Spreizstäbe mit Gummiring und Haken oder auch nur mit einem Leinenband befestigt werden, versteift.

Übereinander werden zwei Himmelsstürmer jeweils mit 4 kurzen PVC-Schlauchstücken zusammengesteckt. Alle Waagen werden auf der Basis der zweischenkeligen Waagen mit Hilfe weiterer Schnüre und Ringe aufgebaut. Nur bei der Zweierkombination (hintereinander) müssen Sie die Waage ganz oben anbinden.

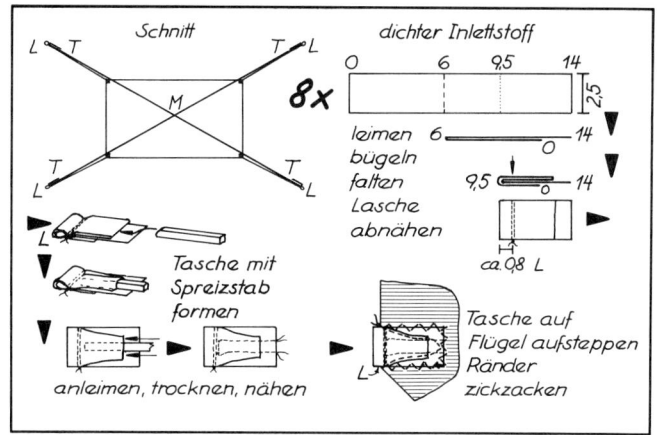

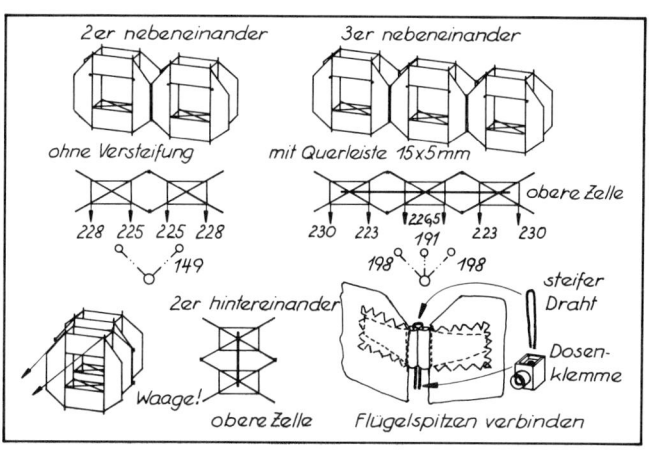

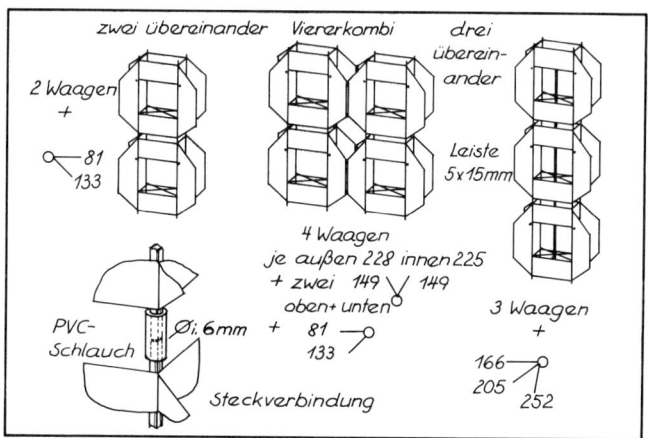

Die Dreierkombination ist nur mit einem zusätzlichen Querstab an den oberen Kreuzen versteift. Mit einer ca. 4 m langen Schnur, in deren Mitte der Zugring oder eine Einstellhilfe (s. S. 74) befestigt ist, verbinden Sie die Waagen der beiden äußeren Drachen, deren Schenkel Sie genau abstimmen. Dann erst ziehen Sie die Schnur zur Waage des mittleren Drachens. Die drei Himmelsstürmer, auf diese Weise verbunden, fliegen ganz ausgezeichnet und ergeben ein prächtiges Bild am Himmel.

Treffpunkt Drachenfestival in Scheveningen: Die Himmelsstürmer Viererkombination (links) ist ein ausgesprochen gutmütiger Leichtwinddrachen. Die unteren Waagenschenkel lasse ich etwas locker, so daß die Zugkräfte vorwiegend auf den oberen Schenkeln liegen. Rechts demonstriert mir ein Herr aus Wien sein Himmelsstürmergespann mit zwei durchlaufenden Leinen, deren Einzeldrachen er nach der Bauanleitung in „Drachen aus aller Welt" gebaut hat.

Die riesige Himmelstürmer-Sechserkombination und die Zweierkombination „übereinander"
sind in gleichmäßigem Wind ruhende Pole am Himmel, die zu weiteren Spielen einladen.

Vereinfachter Himmelsstürmer

Spinnakernylon tauschen Sie durch Tyvek aus, die Spreizen sind 91 cm (statt 88,5 cm) lang. Zusätzlich brauchen Sie ca. 160 cm geflochtene Perlonschnur, ø 1 mm, und 8 Holzkugeln, ø 10 mm.

Die aufgedröselten Enden der Spannschnüre werden auf den Rückseiten der Flügelspitzen mit Alleskleber fixiert, dann satt mit Leim eingestrichen und mit Tyvek überdeckt.
Zum seitlichen Zusammenstecken verwenden Sie ca. 2,5 cm lange PVC-Schlauchstücke, ø innen ca. 6 mm. Durch Verknoten der Spannschnüre, oder einfacher mit Gummiringen, sichern Sie zusätzlich die Steckverbindungen.

Peter-Lynn-Kastendrachen

Der große Erfolg mit den Kombinationen und den ersten Ketten aus vier Himmelsstürmermodellen ermunterte mich zum Bau weiterer Grundmodelle. Als Bespannmaterial wählte ich Tyvek. Die Taschen an den Flügelecken ersetzte ich durch eine Spannvorrichtung aus einer aufgeklebten Schnur und einer Holzkugel. Die Spreizstäbe, an denen der Drachen gespannt wird, mußten daher etwas länger werden und an ihren Enden Kerben bekommen, an denen die Spannschnüre eingehängt werden. Dadurch ergab sich gleichzeitig eine sehr einfache Möglichkeit, die Drachen seitlich zusammenzustecken. Diese Tyvekmodelle sind nur in der Längsachse mit den Spinnakermodellen kombinierbar.

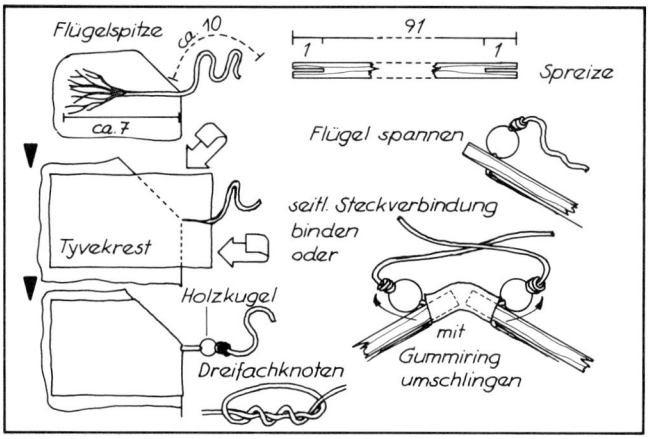

Kaum eine Drachenform hat ein so verblüffend einfaches, gleichzeitig aber auch raffiniertes Bauprinzip wie der Peter-Lynn-Kastendrachen. Um so verwunderlicher ist es, welche Scheu viele Drachenfreunde haben, sich mit diesem Modell auseinanderzusetzen. Der hochsymmetrische Bau, der ihn für Kombinationen geradezu prädestiniert, mag auf den ersten Blick kompliziert erscheinen. Tatsächlich besteht der Drachen nur aus ganz einfachen Bauelementen, so daß der Nachbau außerordentlich wenig Schwierigkeiten macht, allerdings einigen Zeitaufwand erfordert, für den Sie sich aber sehr bald belohnt sehen werden, denn schon der erste Peter-Lynn-Kastendrachen wird Sie begeistern.

Für ein Grundmodell des Peter-Lynn-Kastendrachens brauchen Sie:
1,75 lfm Tyvek; Raminleisten, 7 x 7 mm, je zwei mit den Längen 150 cm, 135 cm und 56 cm.
4 Holzkugeln. 4 cm PVC-Schlauch, ⌀ innen 13 bis 20 mm. Geflochtene Schnur, ⌀ 1 mm, dünne Schnurreste. Alleskleber, Weißleim, Nähgarn.

Als Bespannmaterial wählen Sie Spinnakernylon oder das preiswerte Tyvek. Ich bevorzugte beim Bau meiner zwölf Drachen Tyvek nicht nur wegen seines günstigen Preises, sondern auch wegen der Möglichkeit der freien farblichen Gestaltung durch Bemalen mit Acryl-Abtönfarben.

Bewußt habe ich an den Flügelspitzen keine Stabendtaschen angebracht. Die überstehenden Enden der Querstäbe und auch der Spreizen ermöglichen einfache Steckverbindungen mit Abschnitten von PVC-Schlauch. Auf entsprechende Überstände an den Längsstäben habe ich aber verzichtet, da sie beim Zusammenbau mancher Kombinationen das Rastermaß sprengten.

Von vorne betrachtet bilden die Flügel eine Ebene, die genau in der Mitte liegt. Aus dieser Ebene ragen 4 dreieckige Zellenwände (Z), die genau so groß wie die Flügel sind, schräg nach vorne und vier nach hinten, so daß von ihnen zwei Zellen umspannt werden. Die Längsstäbe laufen in Taschen. Die Zellenwände werden in der Mitte jeweils durch die Spreizstäbe und über die Flügel mit den Querstäben aufgespannt.

Der Peter-Lynn-Kastendrachen wird nur an einem Punkt (S) angebunden (keine Einstellprobleme!).

Folgen Sie genau meiner gründlich erprobten Bauanleitung. Ihr Peter-Lynn-Drachen wird Sie bestimmt ermuntern, mit weiteren Modellen zu experimentieren.

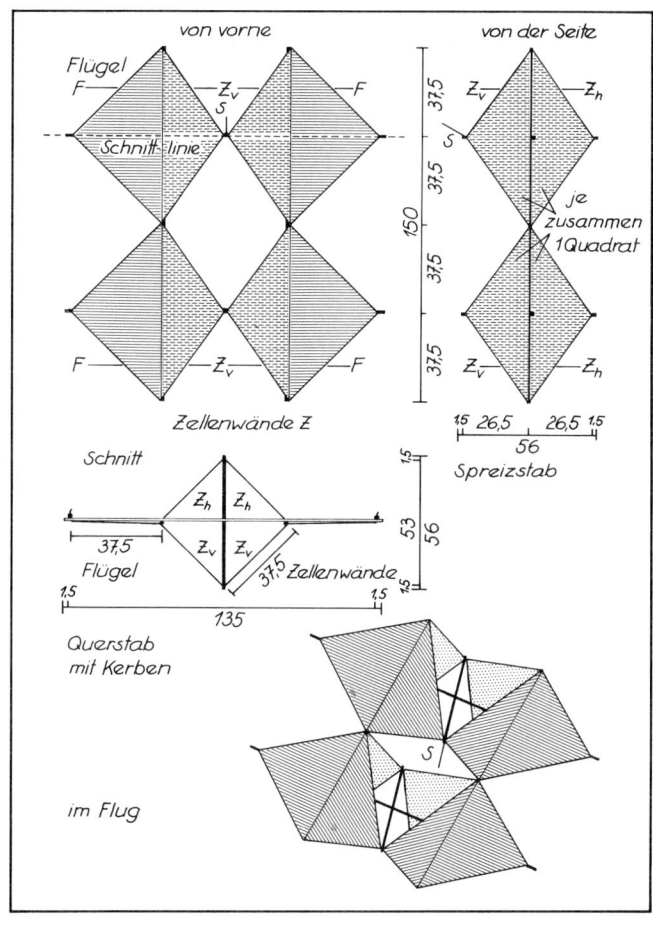

35

Fotos Seite 36:
Vier Peter-Lynn-Kastendrachen lassen sich schnell zusammenstecken. Das mühselige Verschnüren kann man sich dadurch erleichtern, daß man Schnüre vorbereitet, die schon Mehrfachknoten in den richtigen Abständen tragen (S1, S2 Seite 42).
Unten die Kombination im Flug. Die beiden langen Schenkel der Horizontalwaage sind bei den Verbindungen V2 der oberen Spreizen angebunden. Beim Aufbau orientieren Sie sich an den Zweierkombinationen auf Seite 42.

Foto oben:
Peter-Lynn-Zweierkombinationen in einer Ebene. Die übereinander zusammengesteckten sind nur mit Schnüren versteift, während ich den beiden nebeneinander liegenden Modellen oben, zwischen den beiden Befestigungspunkten für die Waage, noch einen Querstab einpaßte (s. S. 43).

Foto rechts:
Die Viererkombination (Aufbau siehe Zweierkombinationen) ist ein richtiger Großdrachen. Alle P.L.-Kombinationen, die ich erprobt habe, flogen auf Anhieb ohne alle Schwierigkeiten.

Schneiden Sie die 6 gleichgroßen Quadrate am besten mit einer Schablone (Hartfaserplatte, wichtige Punkte durchbohrt) zu. Zeichnen Sie alle Hilfslinien. Schneiden Sie die Säume an den markierten Stellen ein, und leimen Sie dann die Säume nach der rauheren Seite um. (Alle Zugaben in der Mitte und an den Rändern sind übertrieben groß dargestellt). Aus vier Quadraten bilden Sie die Zellenwände, indem Sie je zwei so zusammenleimen, daß die Linien AB in der Mitte genau übereinander liegen. An den Enden leimen Sie die Spitzen entlang AB zur glatten Seite hin um. Bei den restlichen beiden Quadraten schneiden Sie die Spitzen entlang AB ab. Wenn Sie diese beiden Quadrate entlang M durchschneiden, erhalten Sie die vier dreieckigen Flügel. An den Spitzen der Flügel bringen Sie die Spannschnüre an (eventuell nach dem Trocknen des Leims darübernähen). Am besten bemalen Sie jetzt die späteren Vorderseiten (glattere Seite des Tyveks) Ihres Drachens. Richten Sie sich beim Zusammennähen genau nach den Zeichnungen!

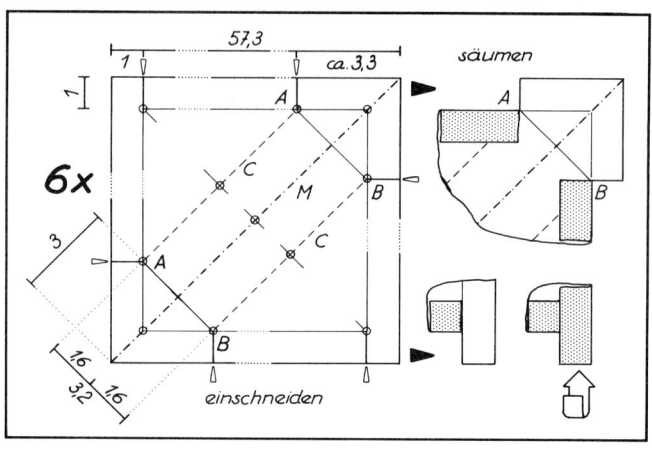

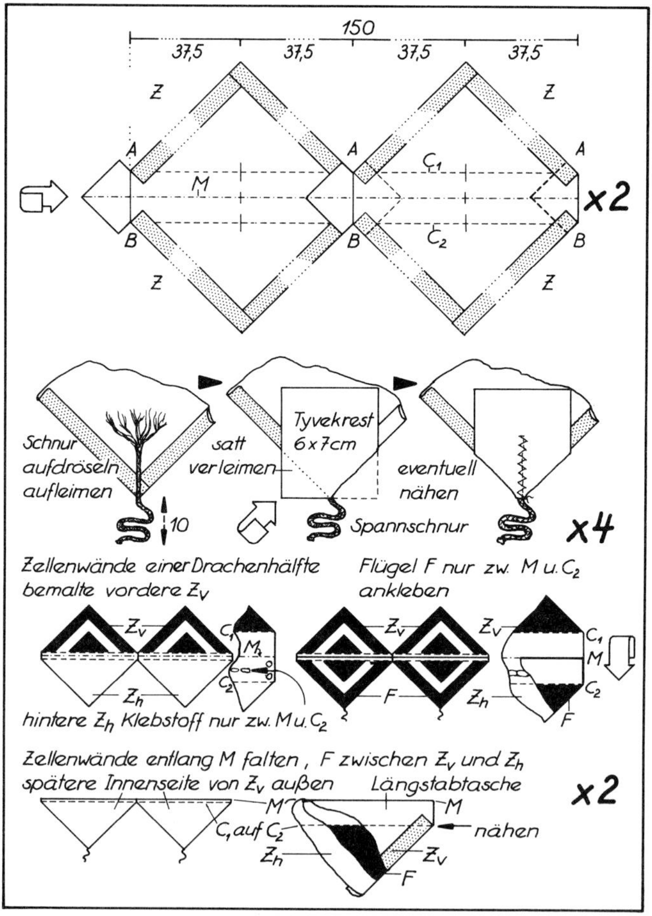

38

Verbinden Sie nun die Spitzen der vorderen Zellenwände mit einem Schnurstück, das Sie an beiden Enden aufdröseln und dann wie bei den Flügelspitzen anleimen. An den hinteren Zellenwänden verfahren Sie entsprechend. Die Kerben an den Spreizstabenden, die die Verbindungsschnüre zwischen den Zellenwänden aufnehmen, werden durch Schnurwicklungen oder genähte Taklings gesichert.
Die Längsstäbe werden in den Taschen leicht angeklebt.
Die Querstäbe, die je zwei gegenüberliegende Flügelspitzen spannen, werden hinter den Längsstäben durch die hinteren Zellenwände geführt. Verstärken Sie die Durchbruchstellen, bevor Sie die Löcher mit einem Lötkolben (entlang einer kleinen Pappschablone) einschmelzen. In den Löchern erhalten die Querstäbe zusätzliche Führungen durch kurze PVC-Schlauchstücke.
Durch Knoten fixieren Sie die Holzkugeln an den Spannschnüren der Flügel, so daß die gesamte Drachenhaut gut gespannt wird. Angebunden wird der P.L. nur am vorderen Ende des oberen Spreizstabes.

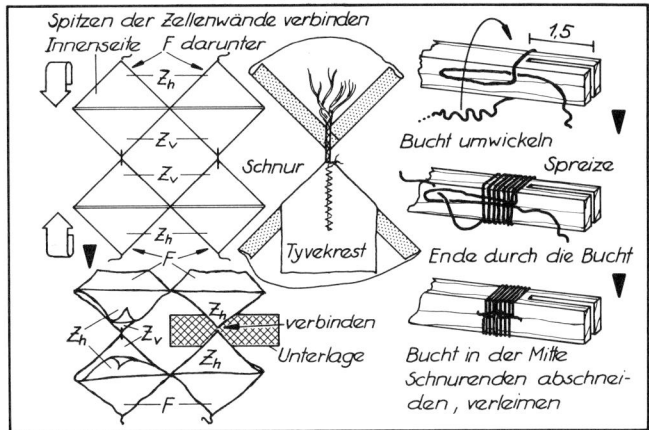

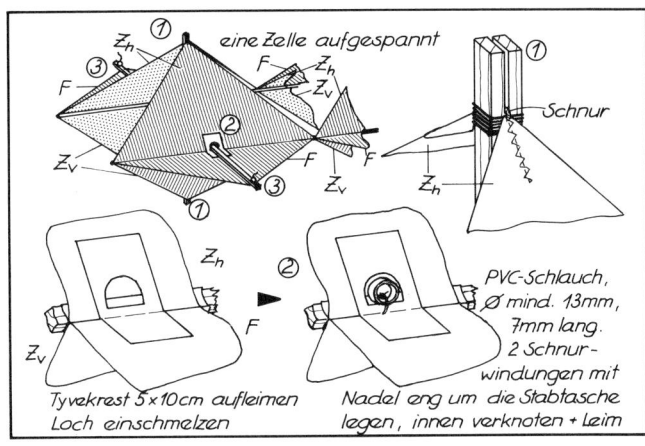

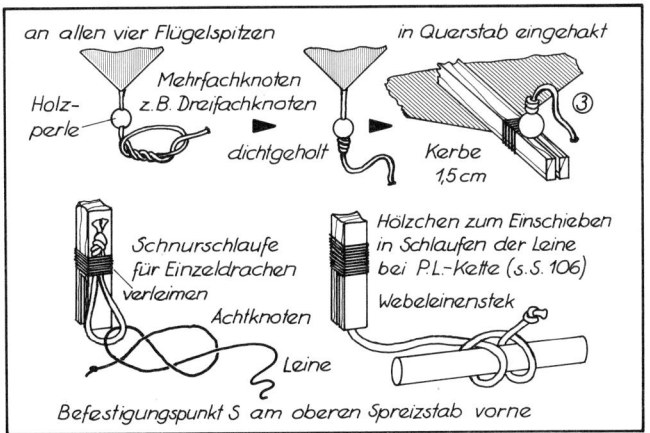

Die zwei Peter-Lynn-Kastendrachen, die hintereinander gesteckt und mit Schnüren zwischen den Flügelspitzen stabilisiert sind, wirken in der Luft kompakt wie eine Riesenhummel. Wenn man die Leine direkt an der Verbindung der oberen Spreizstäbe anbindet, fliegen sie behäbig ruhig, auch in böigem Wind.

Die größte Peter-Lynn-Kombination, die ich erprobte, ist die P.L.-Kombination 6+2. Der Aufbau ist bei der Kombination 4+1 (S. 43) beschrieben. Auf der Vorderseite unten und oben sind insgesamt 4 Querstäbe zusätzlich angebracht.
Beim Hochstart an einer etwa 30 m langen Leine treten zwei Helfer in die ersten Lücken links und rechts der Mitte der Kombination, richten sie genau in Windrichtung aus und heben das leichte Gebilde so an, daß, bei nötiger Gegenkraft an der Leine, der Drachen den Auftrieb zum Abheben erfährt. Die Landung gelingt ebenso problemlos, wenn ein Helfer, in die erste Lücke tretend, die niedergeholte Kombination vor dem Aufsetzen abfängt.

Die Achterkombination 6 + 2 steht steil und ruhig. Da die Horizontalwaage nur an der oberen Drachenreihe angebunden ist, halten sich die Zugkräfte im Rahmen.

Peter-Lynn-Kombinationen

Sie brauchen:
Vollkommen gleich bemessene Grundmodelle. Zum Verbinden genügen PVC-Schläuche, die auf die Gerüststäbe passen, geflochtene Perlonschnüre, ⌀ 1 bis 1,5 mm, kurze Panzerrohrstücke und eventuell zusätzliche Querstäbe.

Wie schon bei den einfachen Kastendrachen ist es auch bei den Peter-Lynn-Kastendrachen das wiederkehrende Rastermaß, das sie für Kombinationen besonders geeignet macht. Als ich mir diese Kombinationen ausdachte, war ich sicher, daß sie zu flugfähigen Objekten führen müßten. In der Durchführung war ich immer wieder überrascht, mit welch einfachen Mitteln mir diese Kombinationen gelangen und wie problemlos sie zu fliegen waren.

Spielen Sie mit diesen wunderschönen Modellen. Ich bin sicher, daß Sie auf der Basis meiner grundlegenden Kombinationen zu weiteren großartigen Flugobjekten gelangen können.

Diese Zweierkombinationen steckt man jeweils mit zwei Schlauchabschnitten von je ca. 3 cm Länge an den Querstäben bzw. den Spreizen zusammen. Durch Verdoppelung dieser Kombinationen gelangt man zu den Viererkombinationen auf Seite 36 und 37.
Die Schnüre S1 (Länge der Querstäbe) und S2 (Länge der Spreizen), versteifen den Körper.
Für die 7-mm-Stäbe haben die PVC-Schläuche einen Innendurchmesser von 8 mm. Am besten eignen sich steifere faserarmierte Schläuche. Während die nebeneinander liegenden Modelle eine zweischenkelige Horizontalwaage benötigen, wird die Leine bei den hintereinander angeordneten Drachen nur am oberen Verbindungspunkt angebunden.

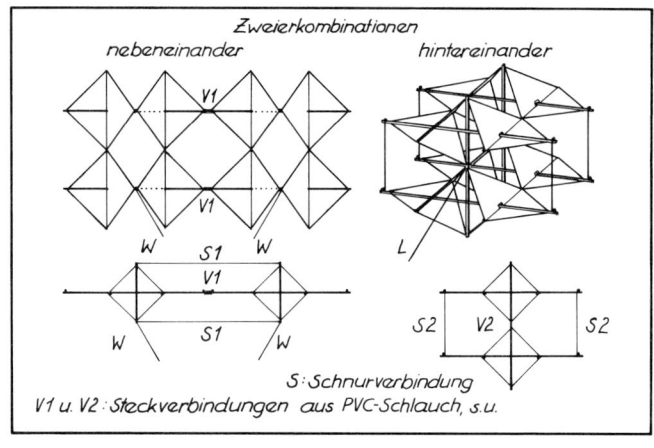

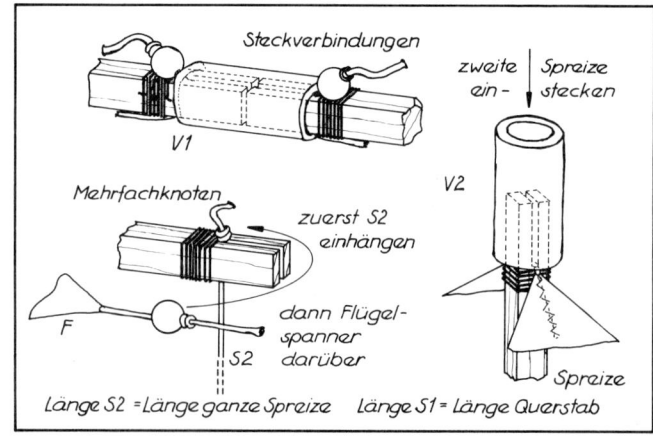

42

Die Verbindung zweier übereinander angeordneter Peter-Lynn-Kastendrachen gelingt mit aufgeschnittenen Abschnitten eines Panzerrohrs, die im Dracheninneren über die in Taschen verlaufenden Längsstäbe geschoben werden. Den nötigen Zusammenhalt bringen die Schnurverspannungen an den Enden der Spreizstäbe (S3).

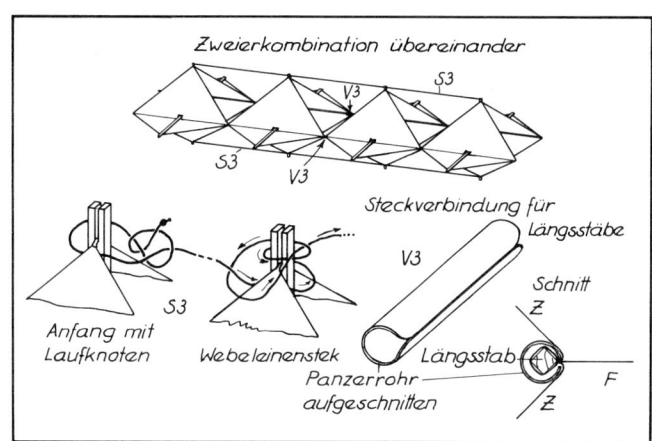

Vier P.L.-Drachen kann man in einer Ebene zusammenstecken und verschnüren. Ganz hervorragend versteift wird so eine Anordnung durch ein fünftes Modell, das man hinten auf die Mitte aufsetzt (Kombination 4 + 1, Foto S. 5). Wenn man an einer Seite dieser Kombination noch zwei P.L.-Drachen anfügt und durch ein weiteres Modell auf der Rückseite versteift, so gelangt man zur Kombination 6 + 2 (S. 40/41), die sich bestimmt noch weiter ausbauen ließe. Die zusätzlichen Verbindungsteile gewinnt man ebenfalls aus PVC-Schlauchstücken, wobei es sich als günstig erwies, das aufgesteckte Schlauchstück der Dreierverbindung V5 aus etwas weicherem Schlauchmaterial anzufertigen.

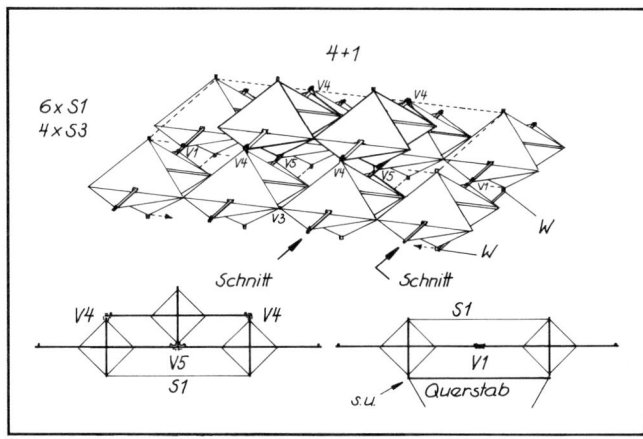

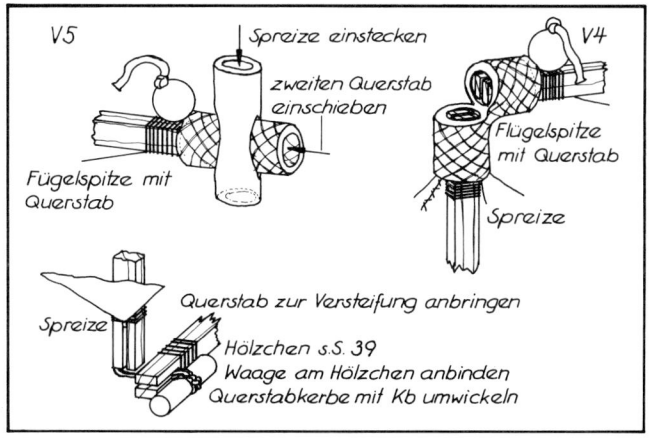

Kastendrachen aus Flächenelementen

Für ein Element brauchen Sie: Kiefernleisten, 5 x 3 mm, (2 x) 73 cm und (6 x) 29,4 cm lang (hochkant verarbeiten). Drei Pergaminpapierstreifen, 15 x 30 cm, Holzleim, Alleskleber, 12 Streifen aus glasfaserverstärktem Klebefilm, je ca. 1 x 4 cm.

Starre Flächenelemente bieten die Möglichkeit, mit Hilfe einfachster Verbindungen aus PVC-Schlauchstücken, Gummiringen oder Kabelhaltern großartige Flugobjekte zu schaffen. Aus den 24 Elementen, die ich einsetze, kann man Kastendrachen zusammenbauen, die bis zu 36 Zellen haben können. Hier möchte ich nur einige Beispiele zeigen. Allen diesen vielzelligen Kombinationen ist gemeinsam, daß es in der Regel ausreicht, die Drachenleine nur an einem Punkt anzubinden. Allerdings sollten Sie darauf achten, daß die Kräfte vom Befestigungspunkt aus in das Dracheninnere weitergeleitet und damit verteilt werden (vergleiche auch Kastenkombinationen S. 23 ff).

Die Gerüststäbe werden nur stumpf aneinandergeleimt.
Beim Aufbringen der drei Papierflächen (Alleskleber) richtet man das Element genau rechtwinkelig ein. Alle Gerüstverbindungen werden zusätzlich mit glasfaserverstärktem Klebefilm gesichert. Die einzelnen Elemente werden nur an den 2 cm langen Überständen der Längsstäbe zusammengefügt. Man verwendet (wie bei den Kastendrachen S. 22) nur kurze PE-(PVC-) Schlauchstücke und Gummiringe von einem Fahrradschlauch. Während der Dreieckskastendrachen unterhalb der ersten Zelle angebunden wird, befestigt man die Leinen bei den großen Kombinationen ganz oben.

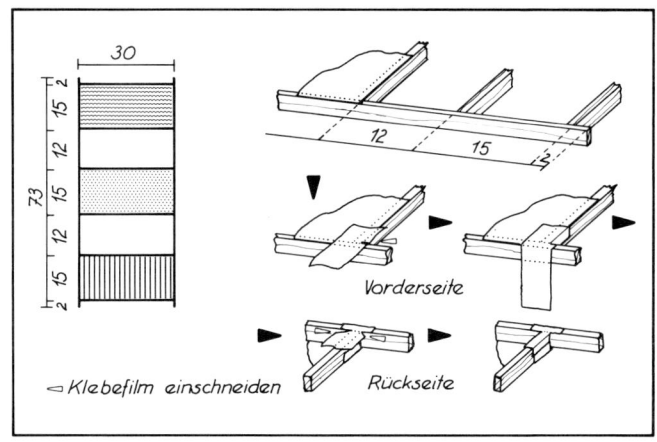

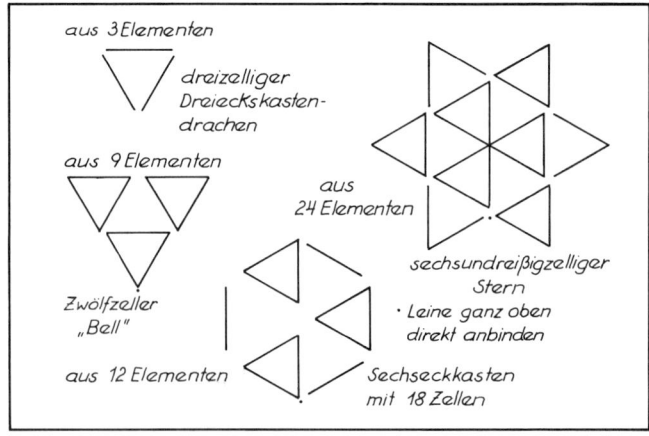

Foto oben:
Der Zwölfzeller „Bell" hält sehr gut seine Flugrichtung, braucht aber kräftigen Wind.
Der Sechseckkasten erhält mehr Auftrieb als der Bell, neigt aber in unruhigem Wind dazu, seitlich wegzudrehen. Abhilfe: Eine flach eingestellte Waage, ganz oben und unterhalb der mittleren Zelle angebunden.

Foto rechts:
Der Stern aus 24 Flächenelementen kann nicht nur Drachenliebhaber begeistern. Obwohl er sehr schwer wirkt, fliegt er ab Windstärke 3 Beaufort ganz ausgezeichnet.

Einfache und kleine Ketten

Unter Ketten im eigentlichen Sinne verstehe ich Drachen, die hintereinander angeordnet und untereinander durch eine oder mehrere Leinen verbunden sind. Dazu gehören auch solche Drachenzüge, deren Drachen zwar eigene Waagen haben, die aber direkt an eine durchlaufende Leine angebunden sind.

Ausschließen möchte ich alle „Pseudoketten", die dadurch vorgetäuscht werden, daß ein leistungsfähiger Einzeldrachen hochgestellt wird, der in seiner straff gespannten Schnur unwirksame kleinere Drachen führt. Den echten Ketten ist gemeinsam, daß alle Glieder im wesentlichen gleich gebaut sind und einen Beitrag zum Flugverhalten des ganzen Zuges leisten. Die Kräfte, die sich dabei auf den Verbindungsschnüren oder der gemeinsamen Leine ansammeln, können auch bei relativ kleinen Ketten schon ganz beachtliche Ausmaße annehmen. Daher dürfen diese Kräfte niemals an einem einzelnen Drachen wirksam werden; sie dürfen immer nur über die Schnüre weitergeleitet werden. Bei Ketten mit mehreren Verbindungsschnüren werden die Kräfte über die Waage des untersten Drachens auf die Leine geführt. Man verstärkt sein Gerüst oder setzt vor oder in diesen untersten Drachen ein besonderes Gerüst, das die Kräfte zusammenzuführen erlaubt.

Besonderes Augenmerk verlangt auch der zuoberst fliegende Drachen. Er sollte ganz fein ausgewogen und stabilisiert sein.

Ketten aus Papiersleds und Papierfaltdrachen

Sie brauchen:
DIN-A4-Papierbögen, Klebstoff, Klebefilm, Kreppapier, dünne Schnur.
Je Papiersled zwei Trinkhalme und je Papierfaltdrachen ein dünnes, 18 cm langes Bambusleistchen (s. Lit. 1).

Papiersledkette

Schneiden Sie die äußeren Umrisse am besten gleich mehrlagig mit Hilfe einer Schablone aus fester Pappe zu. Die Ausschnitte für Augen, Mund und Nase, die auch flugstabilsierend wirken, müssen symmetrisch, aber nicht genau nach meiner Vorlage sein.
Die beiden Trinkhalme kleben Sie mit je vier Tropfen Alleskleber auf. Die beiden seitlichen Schnüre, die Sie genau gleich bemessen müssen, kleben Sie einfach an.
Der Schwanz des obersten Drachens wird durch einen Kreppapierstreifen verlängert. Der unterste Drachen erhält ein Bambusleistchen in die Waage (Webeleinenstek S. 26), damit er nicht unter dem Zug zusammenklappt.

Gemeinsam ist diesen beiden Ketten das Bespannmaterial: Ein Bogen Schreibmaschinenpapier. Überrascht werden Sie nicht nur davon sein, mit welch einfachen Mitteln Sie diese Drachen bauen können, sondern auch über die wirklich zuverlässigen Flugeigenschaften sowohl der Einzeldrachen als auch der Ketten.
Krönen Sie ein Familienfest oder den Besuch einer Familie mit Kindern durch eine vorbereitete Bauaktion und den gemeinsamen Start dieser reizenden Drachen. Diese einfachen Modelle könnten gut an die Stelle der vollkommen fluguntauglichen Faltarbeiten in Drachenform treten, zu denen Kinder bevorzugt im Herbst angeleitet werden und letztlich davon enttäuscht sind.

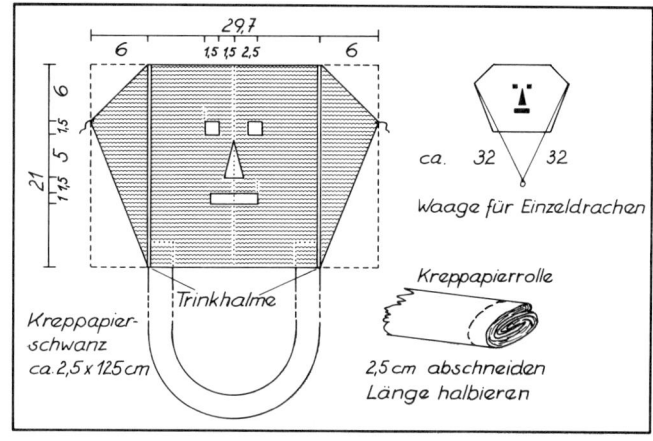

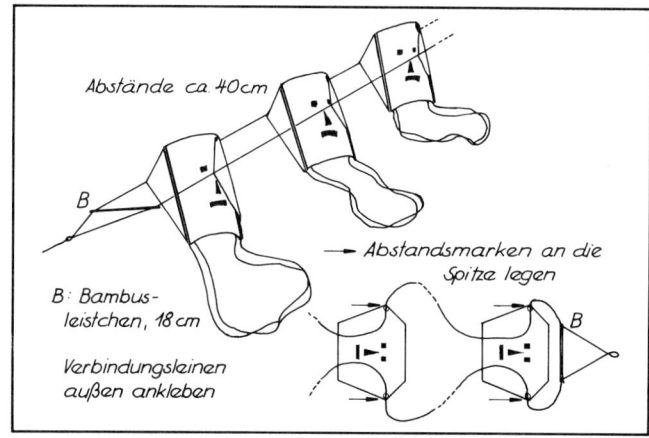

Zu den Fotos auf dieser Seite:
Eine kleine Überraschung für meine jungen Strandbekanntschaften: Eine Kiste mit 50 vorbereiteten Papierfaltdrachen, die noch in gemeinsamer „Arbeit" einen Krepppapierschwanz bekamen und mit ihren etwa 1 m langen Schnüren verbunden wurden. Nach kurzer Zeit war die ganze Kette am Himmel (Foto unten).
Nach dem Einholen wurde sie unter die Kinder aufgeteilt.

Zum Foto Seite 49:
Beim Drachenfest in Weingarten (1988), das regelmäßig im Frühherbst stattfindet (Auskunft 07 51 / 4 77 29). Wohl eines meiner schönsten Erlebnisse als Drachenliebhaber und Lohn für sorgfältige Vorbereitungsarbeit: Die spontane Mithilfe Erwachsener und der Eifer der kleinen Besucher ließen in kürzester Zeit diese Kette entstehen.
Einige Erzieherinnen fanden auf dem Fest in diesem Papierfaltdrachen das richtige Modell für ihre Kindergartenarbeit.

Die Kette aus 62 Papierfaltdrachen hat eine vorübergehende leichte Brise zum ersten Start genutzt. Drachenfest in Weingarten (zwischen Ulm und Bodensee) 1988.

Kette aus Papierfaltdrachen

Den Materialbedarf für einen Einzeldrachen entnehmen Sie der Aufstellung auf Seite 47. Achten Sie beim Falten auf die Symmetrie der beiden Flügel. Durch den doppelwandigen Kiel wird der Drachen relativ schwer, paßt sich aber problemlos auch an stärkere Windgeschwindigkeiten an.

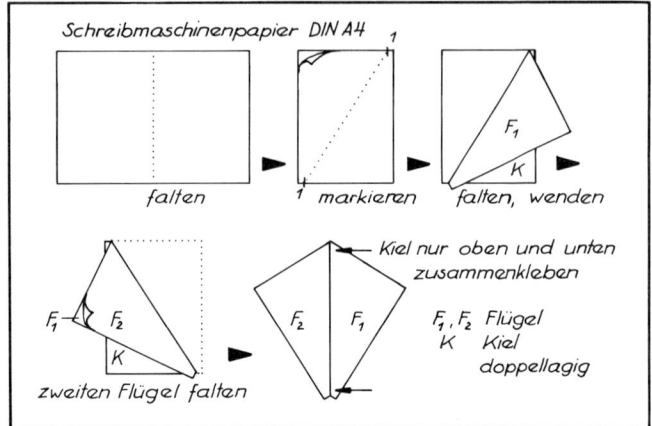

Das feine Bambussplittleistchen hat einen Querschnitt von ca. 1 x 1,5 mm und wird, nachdem es gut angefeuchtet wurde, über einer Kerzenflamme gebogen.
Beim Einzeldrachen klebt man die Drachenleine direkt an den Kiel. Für Ketten kann man die Leine im Kiel durchführen und entlang des ganzen Verlaufs im Kiel festkleben. Ich empfehle die Befestigungsmethode mit dem kleinen Bambushölzchen, die erlaubt, daß sich der Drachen an der Leine zwischen dem Querstäbchen und dem Klebefilm Kf1, je nach Windverhältnissen oder Stellung innerhalb der Kette, einrichten kann. Der Schwanz besteht aus einem 4 cm breiten, 125 cm langen Kreppapierstreifen, der zur Schleife geformt ist.

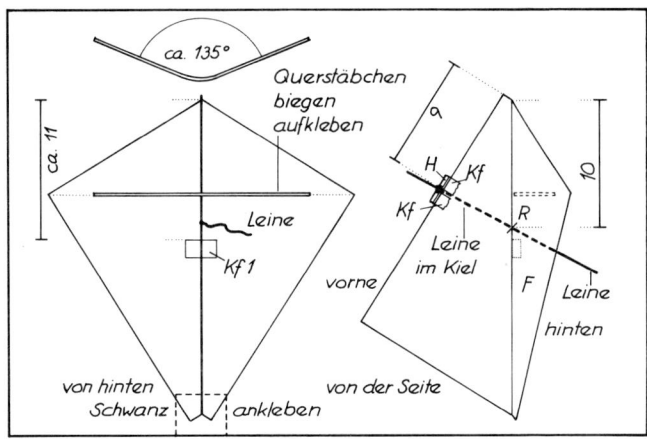

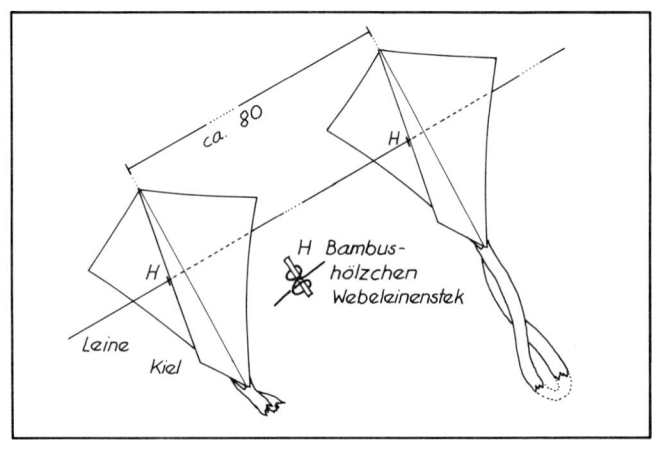

Start kleiner Ketten

Der Flug jeder Kette muß gut organisiert werden, wenn er nicht in einem totalen Chaos enden soll.

Eine der wichtigsten Voraussetzungen ist, daß Sie sich mit Ihren Gehilfen genau absprechen, damit nicht ein unbedachter Griff die mühevolle Arbeit vieler Stunden zunichte macht. Um die Papierfaltdrachen schnell zu verknüpfen, gehen Sie folgendermaßen vor: Binden Sie das Bambusleistchen mit einem Webeleinenstek in die Schnüre. Die obersten Drachen kommen mit sehr dünnen Verbindungsschnüren aus. Ab 10 Gliedern nehmen Sie eine dünne geflochtene Schnur, ab 20 Drachen gehen Sie auf eine geflochtene, 1 mm starke, Perlonschnur über. Sichern Sie jeweils die Knoten am Bambusleistchen mit einem Tropfen Klebstoff. Ziehen Sie die Schnur durch das Nadelöhr, und stechen Sie von hinten durch die Kante des Kiels, 9 cm vom oberen Ende entfernt, ziehen Sie die Schnur durch, bis das Leistchen im Kiel liegt, und kleben Sie erst dann Kf1 auf, der den Spielraum der Leine begrenzt.

Die kleinen Ketten starte ich am liebsten aus einer „Flohkiste", in der die Drachen sorgsam übereinandergestapelt sind. Wenn auch der Alleinstart gelingt, versichern Sie sich besser eines Gehilfen, der Drachen um Drachen aus der Kiste holt, während Sie die unter Zug stehende Leine halten. Auf zwei Punkte müssen Sie ganz besonders achten. Zum einen darf der Zug der Kette nur auf die Leine wirken, d.h. Sie dürfen die Kette nicht dadurch halten, daß Sie einen einzelnen Drachen greifen. Zum anderen darf die Leine zwischen mehreren Drachen niemals die Spannung verlieren. Das Ergebnis wäre, daß diese Drachen sofort unter dem Wind in Rotation gerieten, sich in die Schnur eindrehen und ein heilloses Durcheinander bereiteten.

Für eine Aktion auf dem freien Feld, bei der die Teilnehmer ein DIN-A4-Blatt mit aufgedruckter Bauanweisung, gebogenes Bambusleistchen und Kreppapierschwanz in einen Papierfaltdrachen verwandelten, habe ich die Verknüpfungsart dieser Drachen nochmals variiert (Zeichnung unten). Die 1 m langen Verbindungsschnüre, die in der Kette nach unten stärker werden müssen, bereitete ich einschließlich Bambusleistchen vor. Mit einer einfachen Bambusnadel wurden die Schnüre durch die Kiele geführt und die Bambusleistchen in den Kielen untergebracht. Das Ergebnis der ersten Aktion dieser Art: Eine Kette mit 62 Papierfaltdrachen beim Drachenfest in Weingarten 1988.

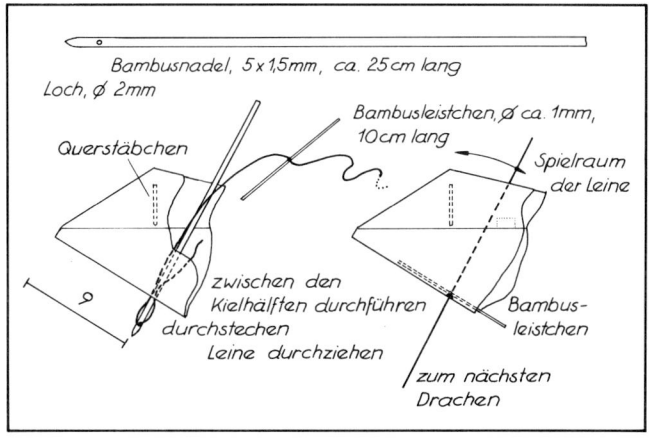

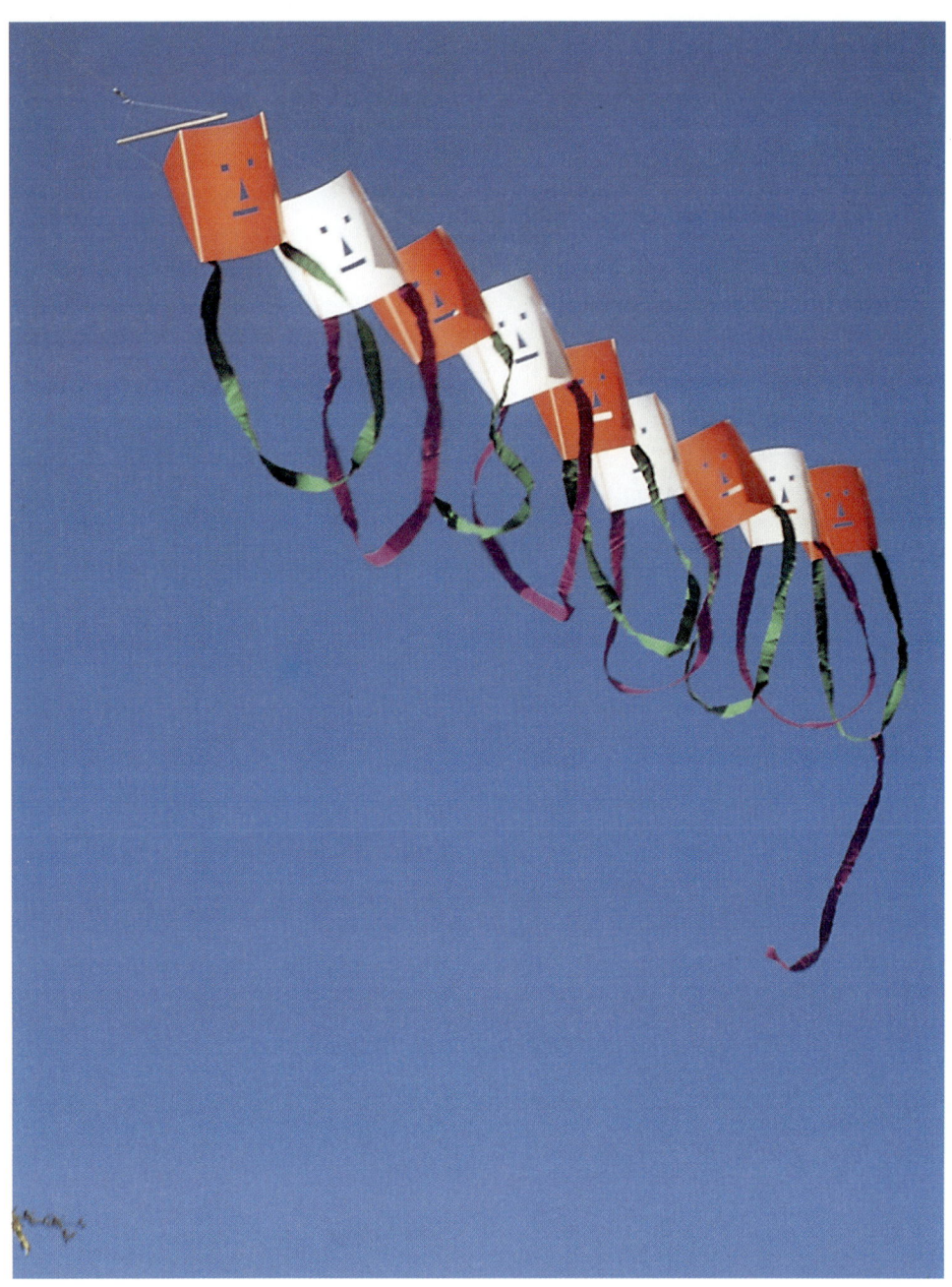

Beim Start der Papiersledkette müssen alle Drachen gleichzeitig abheben. In der Luft wirken sie wie eine Schar übereifriger Männchen, die um die Wette fliegen.

Der Jungfernflug der Gespensterkette bei Windstärke 6 Bft (steil eingestellt) am Hennestrand 1985. Stefanie, Peter und Maresa, die fleißig mitgebaut hatten.

Eddy-Winzling- und Gespensterkette

Für diese Kettenglieder brauchen Sie (Maße siehe Zeichnungen): Leichte Kunststoffolien, Kreppapier, Bambusleistchen, Trinkhalme, Klebeband, Klebefilm, Alleskleber, Schnurreste.

Diesen beiden kleinen Kettengliedern sind die Kunststoffolienbespannung, das Gerüstmaterial Bambus und die Kreuzverbindung gemeinsam. Die Kunststoffolie sollte möglichst leicht, weich und schmiegsam sein. Die Beschaffung der Folien kann etwas Mühe machen. Ich verarbeitete Hart-PVC-Folie, Müllsäcke, Einkaufstragetüten und Bucheinbindefolien und erreichte so ein breites Farbspektrum in meinen Ketten.

Wie schon die beiden vorausgehenden Ketten eignen sich auch diese beiden sehr gut für vergnügte Bastelabende in einer Familie oder einem Freundeskreis. Gestalten Sie den Jungfernflug der Kette zu einem richtigen kleinen Drachenfest mit allen Beteiligten.

Am besten fertigen Sie eine Schablone für eine Drachenhälfte aus Karton oder Aluminiumblech. Die Folienbespannung wird dann doppellagig (in der Mitte gefaltet) zugeschnitten. Gerüst und Folie werden mit 4 Klebebandstreifen, ca. 19 x 15 mm, verbunden. Die Bambusleistchen haben einen Querschnitt von ca. 1 x 1,5 mm (flach verarbeitet). Der Querstab wird über einer Kerzenflamme auf einen Winkel von ca. 130° bis 140° gebogen. Die Stäbe werden am Kreuz mit Schnur oder besser mit einem genau im rechten Winkel durchstochenen Abschnitt eines großen Trinkhalms zusammengehalten und erst mit Klebstoff fixiert, wenn die Leinen angebunden sind. Für kurze Ketten, deren Elemente Sie auch einzeln fliegen

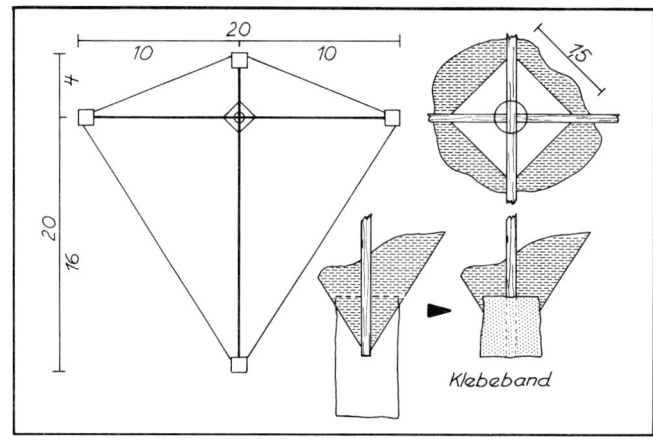

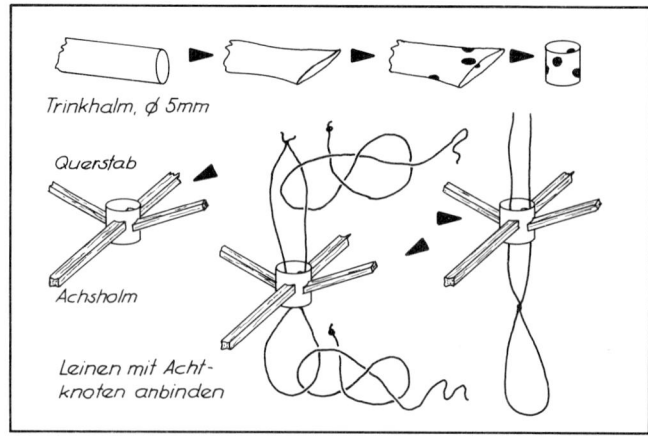

wollen, ziehen Sie ein kurzes Schnürchen durch die Kreuzverbindung. Bei längeren Ketten binde ich etwa 5 Drachen mit Schlaufen in eine gemeinsame Schnur. Bei den unteren Drachen (ab ca. 50), wäre die dreifach durchgeführte dicke Schnur zu voluminös. Daher verwende ich dort kleine Schnurschlaufen aus dünnen Schnüren, die in die durchlaufende Leine gebunden werden. Als Schwanz (4 x 125 cm) klebt man einen Streifen aus Kreppapier an. Kunststoffolienschwänze lassen sich auch am Achsholm anbringen. Es hat sich bewährt, dem obersten Drachen eine genau eingestellte Waage zu geben. Eventuell können Sie ihn auch etwas größer bauen, um den Start zu erleichtern.

Die beiden kleinen Behälter bieten Platz für insgesamt ca. 120 Eddy-Winzlinge. Sie haben sich nicht nur beim Transport bewährt, sondern erleichtern den geordneten Start ganz wesentlich.

Die Grundplatte besteht aus Sperrholz, die Seitenteile sind aus Preßpappe, die mit Tyvek überzogen wurde.

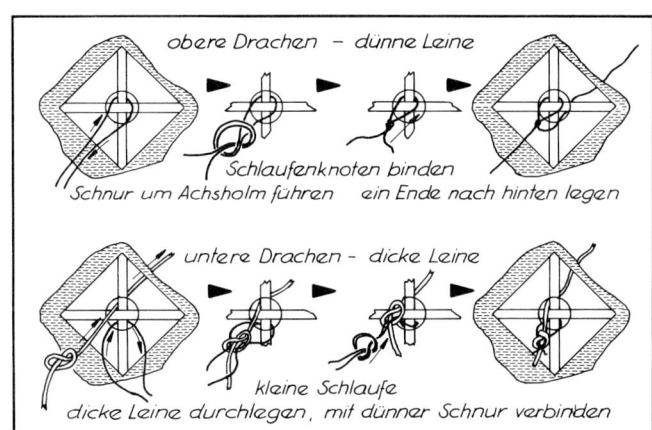

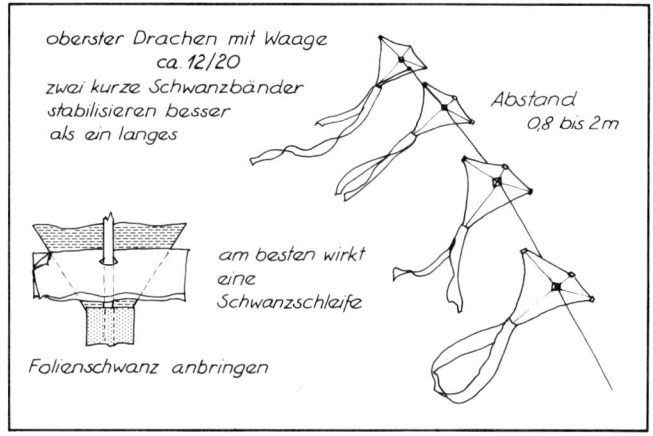

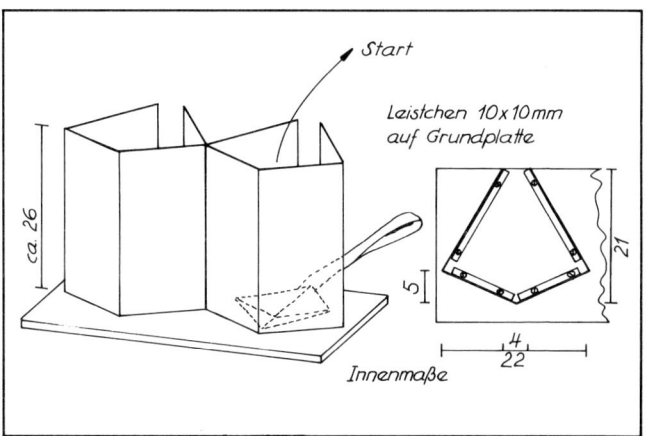

Die Eddy-Winzlinge sind an einer Leine aufgereiht; nur der oberste Drachen hat eine Waage. Die Flugstabilität über ein Windspektrum von ca. 2 Bft (konstant) bis 5 Bft wird erreicht durch das Zusammenspiel von Form, Anbindepunkt und darauf abgestimmtem Schwanz.
Die Schwanzschleife, hier eine doppellagige aus einem 90-Liter-Müllsack der Länge nach geschnittene PE-Folie, wurde in den Achsholm geschoben, bevor die Bespannung unten befestigt wurde (s. S. 55 Mitte).

Eine mit großer Liebe gestaltete Eddy-Kette von Kees Holleman in Den Haag, demonstriert beim Drachenfest in Scheveningen 1988.
Das Bespannmaterial ist Nylon, die 40 verschiedenen Tiersilhouetten wurden aus schwarzem Nylon ausgeschnitten und ganz sorgfältig appliziert.
Das Gerüst besteht aus Raminstäben, die in einem käuflichen gewinkelten Kreuzstück zusammengesteckt sind.
Die Maße eines Einzeldrachens: Breite 64 cm, Höhe 54 cm.

Die Kette aus 102 Eddy-Winzlingen bei schwachwindigem Herbstwetter. Nachdem die ersten 20 Drachen stabilisiert waren, verlief das weitere Auflassen sehr zügig.

Gespensterkette

Die Bespannung wird ebenfalls mit Hilfe einer Schablone zugeschnitten. Die ca. 1 x 1,5 mm starken Gerüststäbchen verbinden Sie wie bei den Eddy-Winzlingen am einfachsten mit dem Abschnitt eines Trinkhalms.

Das kleine Schnürchen, das vom oberen Ende des Achsholms zum Querstab gespannt wird, verhindert, daß der gebogene Querstab nach unten wegdreht. Befestigen Sie die Bespannung mit Klebeband (Kb) und Klebefilm (Kf) am Gerüst. Die Waage habe ich hier für schwachen Wind angegeben. Bei kräftigerem Wind (die Kette ist bis Windstärke 6 Beaufort getestet) muß sie wesentlich steiler eingestellt werden.

Als Transportbehälter für die Gespensterkette verwende ich eine Schachtel (Styroporkistchen), die etwa 25 Gespenster aufnehmen kann. An der langen Seite hat sie einen Ausschnitt, durch den die Achsholme mit den Schwänzen herausragen. Die Schachtel stecke ich in einen 90-Liter-Müllsack, der auch über die Schwänze reicht, so daß die Drachen gut geschützt sind.

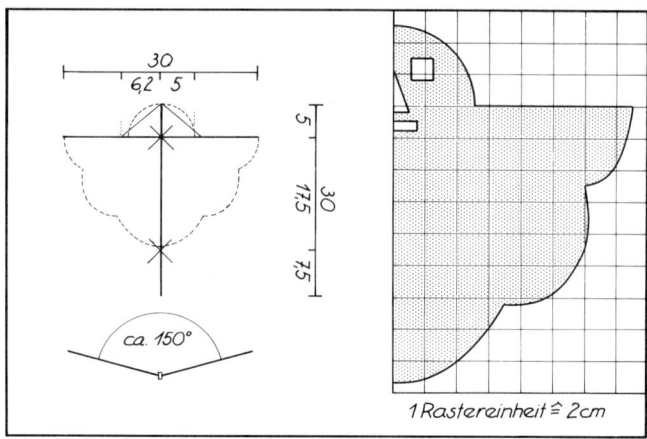

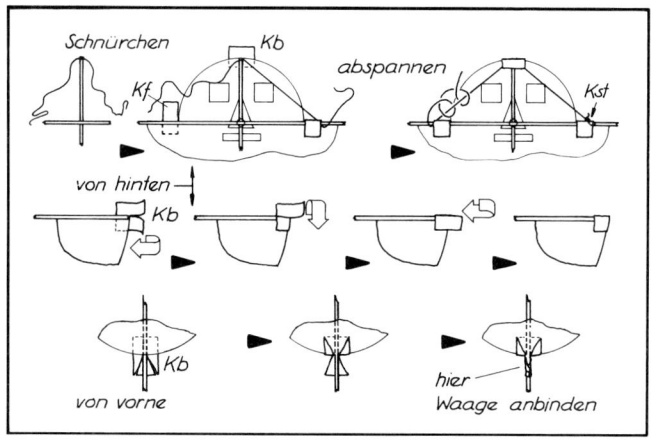

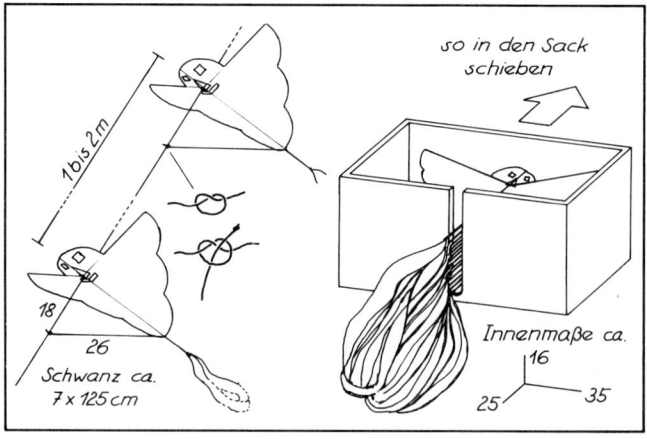

Drachenviereckkette

Für ein Drachenviereck brauchen Sie:
50 x 70 cm Drachenpapier (einen halben Bogen), 5 x 5-mm-Fichten- oder Raminleisten je eine 48 und 60 cm lang. Klebefilm, Klebeband, Alleskleber. Kreppapier für den Schwanz. Waage 24/33 mit Zugring.

Die leichten und flugtüchtigen Drachenvierecke kann man mit transparent leuchtendem Drachenpapier und farbigem Kreppapier sehr dekorativ gestalten. Wenn man mehrere, ich habe selbst maximal elf dieser Drachen in Kette geflogen, zusammenhängen will, wählt man als Befestigungspunkte für die drei Verbindungsschnüre jeweils die obere und die beiden seitlichen Spitzen der Drachen. Wenn Sie mehr als drei Modelle als Kette fliegen möchten, sollten Sie am ersten, wo die übliche Waage angebracht ist, sowohl den Achsholm als auch den Querstab mit jeweils einer zusätzlichen 5 x 5-mm-Leiste verstärken. Seitliche Stabilisierungsbänder haben sich nur am obersten Drachen bewährt.

Das zugeschnittene Drachenpapier wird auf eine Unterlage aufgespannt. Alle Ränder erhalten auf der Rückseite einen Schutz durch Klebefilm. Die Stäbe werden nur aufgeklebt und an den Ecken mit Klebeband versorgt. Eine ausführliche Bauanleitung (Schritt für Schritt) finden Sie in Lit. 3, S. 18 ff.

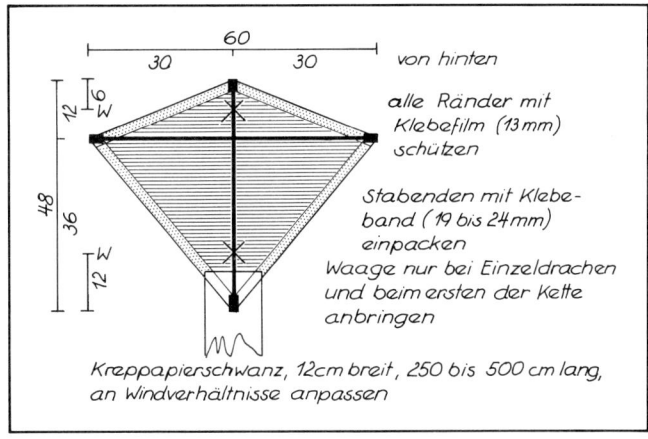

Die Kettenglieder verbinden Sie am einfachsten untereinander, indem Sie für jeden weiteren Drachen drei genau gleich lange Verbindungsschnüre (ca. 1,25 m) verwenden. Am untersten Drachen kleben Sie die Verstärkung für den Querstab von vorne auf. Am Achsholm bringen Sie die Verstärkungsleiste hinten an. Zum Start siehe Seite 82.

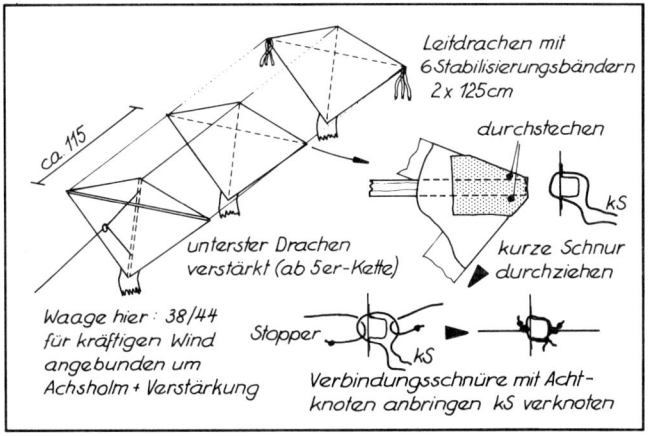

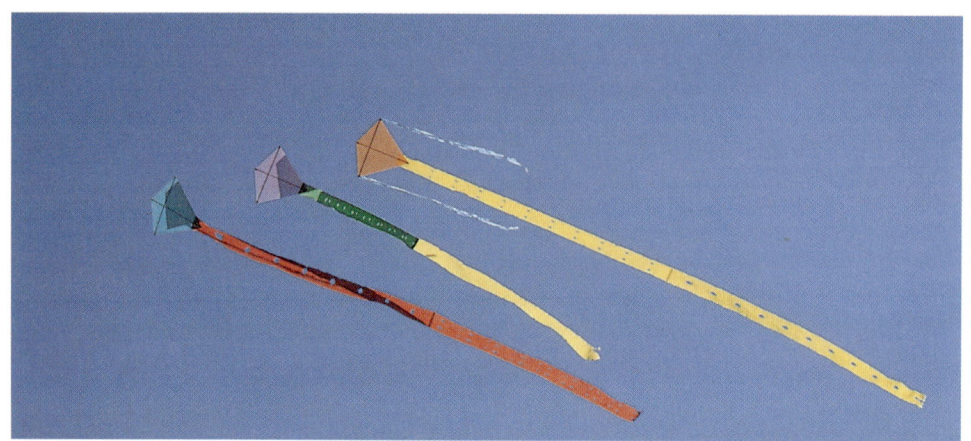

Foto oben:
Muß es eine Riesenkette sein? Die transparent leuchtenden Drachenvierecke wirken schon in so kleinen Ketten außerordentlich eindrucksvoll.

Foto rechts:
Zweiundfünfzig unterschiedliche Flaggen bei sehr schwachem Wind. Durch den langen Achsholm und die an seinem unteren Ende befestigten Folienschleifen wird ein Flaggendrachen sehr ruhig gehalten.
Auf den Rechteckflächen könnte ich mir auch andere Motive vorstellen. Denken Sie bei solchen Bemalungen immer daran, daß kleine Details in der Höhe schlecht zu erkennen sind, und wählen Sie daher möglichst großflächige Muster.

Aus der Nähe betrachtet zeigt die Flaggenkette, daß sich der Aufwand für die farbliche Gestaltung lohnt, wenn man auch zwischenzeitlich meint, daran erliegen zu müssen.

Flaggenkette

Sie brauchen für eine Flagge:
Styropor-Untertapete, druckfest, 3 mm stark, Bambusleistchen (aus einem Jalousettenelement, 90 cm breit), GF-Klebefilm, Alleskleber, für Styropor geeignet, Schnurreste, Dosenring, PE-Folie für den Schwanz. Abtönfarben.

Für diese Kettenelemente habe ich einmal ein etwas ungewöhnliches Material zum Einsatz gebracht: Druckfestes Styropor, das als unkaschierte Untertapete angeboten wird. Mich reizte dieses preiswerte, gut belastbare Material. Allerdings mußten alle kritischen Stellen, vor allem um den Achsholm herum, gründlich mit Bambusleistchen verstärkt werden. Das Erscheinungsbild der großen Kette hat den erheblichen experimentellen Aufwand gelohnt.

Die PE-Folienschleifen, die den Schwanz bilden, sind Abfallprodukte aus meinen zahlreichen Sledbauaktionen mit Müllsäcken. Die durchlaufende Hauptleine muß nach unten hin stärker belastbar sein.

Aus den handelsüblichen Platten mit dem Grundmaß 125 x 80 cm bekommen Sie 8 Flaggen mit dem Maß 31,2 x 40 cm, die Sie im Querformat verarbeiten. Bemalen Sie zuerst die schönere Styroporfläche (es müssen nicht Flaggen sein). Kleben Sie dann den Achsholm auf, und sichern Sie ihn oben und unten zusätzlich durch einen Klebestreifen. Dann bringen Sie die Querstäbe an; den unteren nur mit glasfaserverstärktem Klebefilm, den oberen der ganzen Länge nach zusätzlich mit Klebstoff befestigen. Zur Flugstabilisierung muß die Fläche gewölbt werden, was dadurch erreicht wird, daß der untere Querstab beim Start mit einer einhängbaren Schnur zum Bogen gespannt wird.

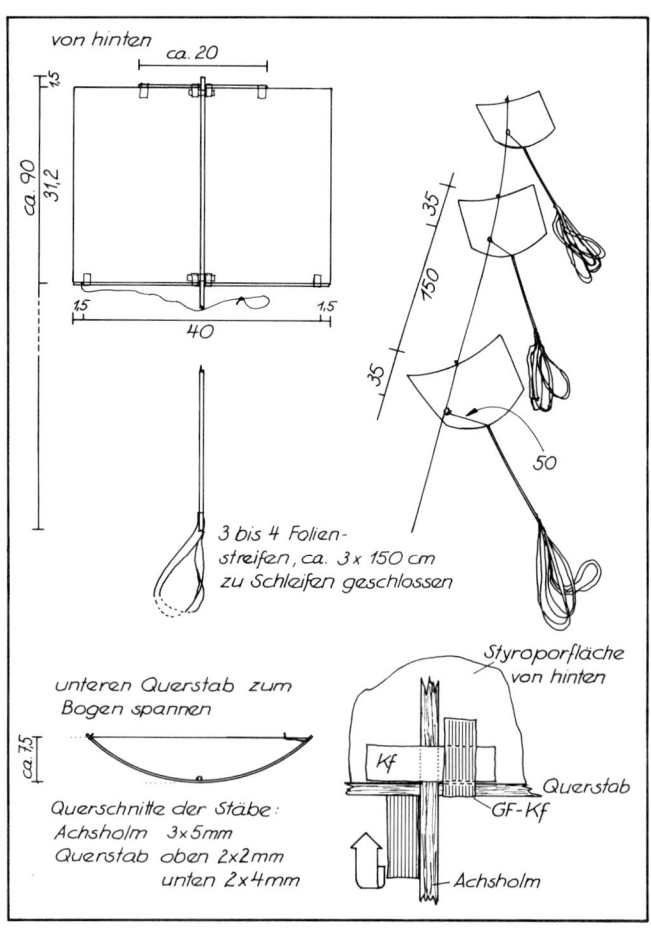

Blümchenkette

Für ein Blümchen brauchen Sie:
Ein Bambusrohr, ⌀ 1 bis 2 cm, 50 cm lang, aus dem Sie alle Gerüstteile schnitzen.
Seidenpapier, Alleskleber, Schnurreste, Zugring, Kreppapier für den Schwanz. Eventuell einen passenden Trinkhalm.

Die Blumendrachen sind ausgesprochene Leichtgewichte. Obwohl die Materialien, ganz dünne Bambusleistchen und Seidenpapier, zum Zartesten gehören, was im Drachenbau Verwendung findet, sind sie im Wind mechanisch widerstandsfähig, solange ihre Oberfläche nicht mit spitzen Gegenständen in Berührung kommt.
Wo ich diese Drachen zeigte, löste ihr Aussehen Entzücken, aber auch Zweifel bezüglich der Flugfähigkeit aus. Nachdem die Aufhängung einmal abgestimmt war, konnte ich mit einem ungestörten Flug über viele Stunden so manchen Skeptiker überzeugen. Diese Blumendrachen sind nicht nur wunderschön, sie fliegen auch außerordentlich anmutig und zuverlässig.

Spalten Sie zunächst das Bambusrohr, längen Sie alle Stäbe ab, und biegen Sie die Quer- und Diagonalstäbe, auch die für die Blätter (s. Lit. 1). Die gebogenen Leistchen für die Blätter und Blütenblätter formen Sie am besten nach der auf Seite 64 beschriebenen Methode. Verbinden Sie die Stäbe in der Mitte (von vorne nach hinten: Querstab, Diagonalstäbe, Achsholm). Dann bringen Sie die Bögen und schließlich die Blätter an. Blätter und Blütenblätter werden an ihrem Berührungspunkt ebenfalls mit einer Schnurwindung verknüpft.
Die Bespannung wird zweifarbig zusammengesetzt und entlang dem Achsholm bis zur Mitte eingeschnitten, damit sie glatt aufgeklebt werden kann.

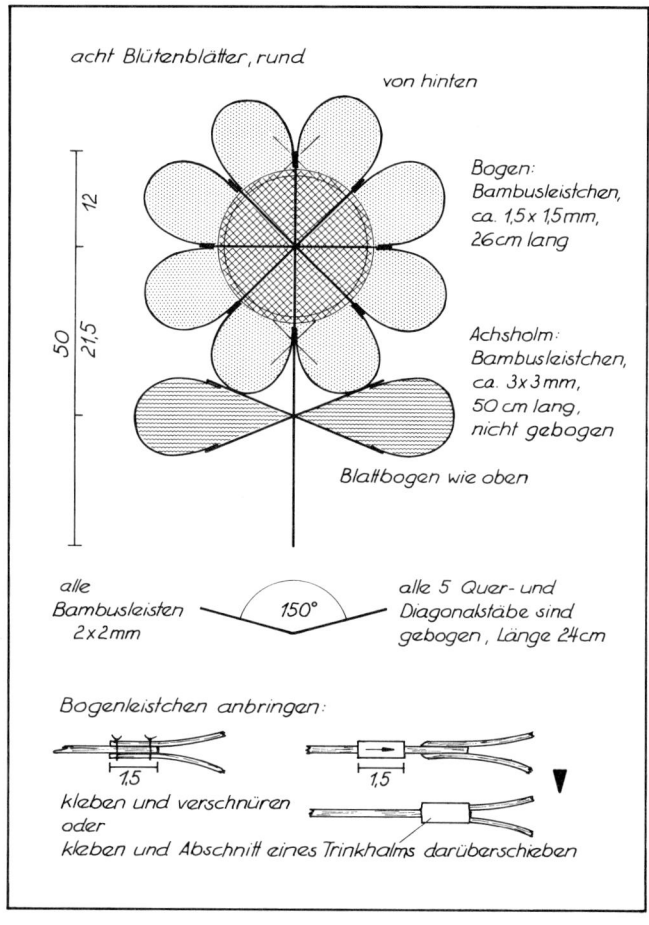

Befestigen Sie die abgelängten und eingeweichten Bogenleistchen mit drei Drahtstücken an einer 850-ml-Konservendose, beschweren Sie die Dose, und stellen Sie sie einige Minuten in kochendes Wasser. Wenn Sie anschließend die Stäbe auf der Dose trocknen lassen, sind sie so weit vorgebogen, daß sie sich gut weiterverarbeiten lassen.

Die Blumen können auch eine ganz andere Gestalt haben. Sie müssen symmetrisch und nicht zu schwer sein und eine etwas vorgewölbte Oberfläche haben, um die Flugstabilität zu gewährleisten.

Hier sehen Sie zwei weitere Blümchen, die in meiner Kette fliegen. Die Leistchen der spitzen Blütenblätter habe ich nicht vorgebogen.

Der Ring in der durchlaufenden Schnur wird so eingestellt, daß die Waagen um den Wert 30/39 liegen. Ein Abgleich im Flugversuch ist unerläßlich. Zu steil gestellt, will das Blümchen nicht recht steigen. Macht man die Waage zu flach, pendelt der Drachen hin und her. Dazwischen muß, unter zusätzlicher Manipulationen am Schwanz, ein Kompromiß gefunden werden.

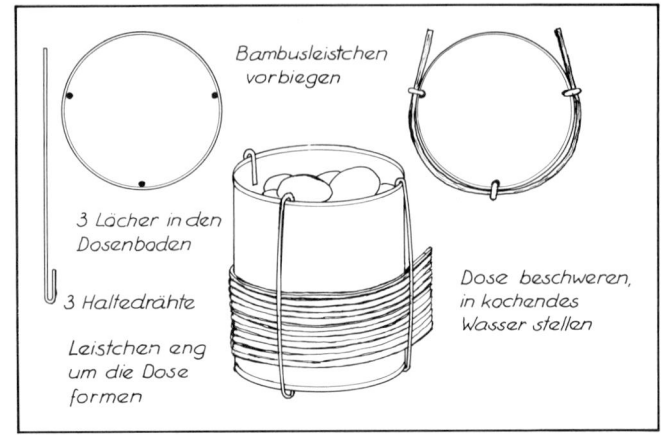

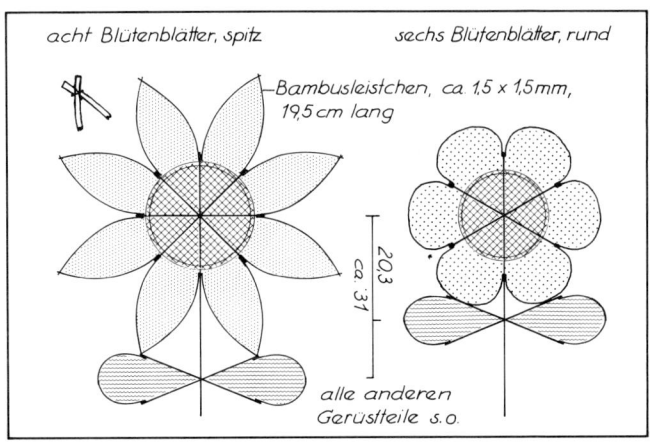

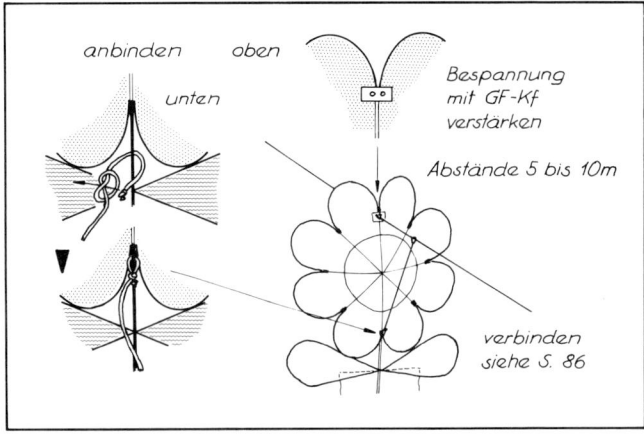

Ein Zug unterschiedlich gestalteter Blümchendrachen aus Seidenpapier, Bambusleistchen und Kreppapierschwänzen. Solche Drachen erfordern Liebe zu den kleinen Dingen.

Leistungsfähige Ketten

Drachenketten haben eine lange Tradition, scheinen aber zwischenzeitlich in Vergessenheit geraten zu sein, denn erst in den letzten Jahren erleben sie eine Renaissance.
Die erste historisch belegte Verwendung einer Drachenkette wird aus dem Jahr 1749, also 30 Jahre vor dem ersten Ballonflug, berichtet. Zwei Studenten der Universität Glasgow (Schottland), Alexander Wilson und Thomas Melville, bauten eine Kette aus 6 Papierdrachen, mit deren Hilfe sie Thermometer auf 915 m Höhe schickten, um die Temperatur in der Atmosphäre zu messen.
Wenn man die Geschichte der Drachen im 19. und beginnenden 20. Jahrhundert verfolgt, so findet man immer wieder Berichte über die Verwendung von Drachengespannen, wenn es darum geht, große Höhen zu erreichen, Lasten zu heben oder große Zugkräfte zu erzeugen.
Ab 1822 war es der englische Lehrer George Pocock, der seine leichte Kutsche, „char-volant", mit einem Gespann aus zwei 3,66 m und 4,57 m großen Bogendrachen durch die Lande ziehen ließ und mit einem entsprechenden Gespann Boote antrieb und Signalflaggen weithin sichtbar machte.
1827 flog D. Colladon bei Genf (Schweiz) einen Zug aus 3 französischen Birnendrachen zur Untersuchung der elektrischen Eigenschaften der Atmosphäre, wobei der zweite und dritte Drachen jeweils direkt an der

Rückseite des unteren Drachens angebunden waren.
Der irische Priester Fr. E. J. Cordner schuf 1859 ein System zur Rettung Schiffbrüchiger, das mit Hilfe eines Zuges aus mehreren Hexagondrachen funktionierte. Es gilt als das erste Drachensystem, das in Europa einen Menschen tragen konnte.

Gespanne aus Eddy-Drachen und Hargrave-Kastendrachen beförderten Ausgang des 19. und Anfang des 20. Jahrhunderts meteorologische Aufzeichnungsgeräte in große Höhen. Die Luftfotografie wurde im wesentlichen erst durch leistungsfähige Drachenzüge ermöglicht. Große Anstrengungen wurden unternommen, um „men-lifter"-Systeme zu entwickeln. Bedeutende Namen in diesem Zusammenhang sind B.F.S. Baden-Powell (England, Levitordrachen), Silas J. Conyne (Verbunddrachen, USA), Madiot und Saconney (Frankreich), Schreiber (Rußland) und vor allem Samuel F. Cody (England). Das System von Cody und Saconney wird heute noch bei großen Drachenfestivals demonstriert (s. Lit. 1).

Auch alle Höhenrekorde für Drachen waren nur mit Drachenzügen möglich. Die noch gültige Höchstmarke wurde schon am 1. August 1919 in Lindenberg mit Hilfe eines Zuges aus 8 Drachen mit einer Höhe von 9740 m erreicht. Eine holländische Mannschaft versuchte 1986 vergeblich, diesen Rekord mit eine Reihe von Conyne-Drachen zu brechen (s. Lit. Vlieger 6/1986).

Die Liebhaber von Drachenketten sind inzwischen auch untereinander in Wettstreit getreten. Der gültige Rekord liegt zur Zeit bei 2233 kleiner gebogener Drachen in einer Leine und wird von einer Mannschaft aus Hiroshima (Japan) seit 1987 gehalten.

In der Folge möchte ich Ihnen weitere Ketten mit sehr unterschiedlichen Drachentypen zum Nachbau vorstellen. Bei der Auswahl dieser aufwendigeren Ketten war für mich entscheidend, daß tatsächlich alle mit relativ bescheidenen Mitteln nachvollziehbar sind. Nicht die Schwierigkeit der Konstruktion, sondern der absehbare Arbeitsaufwand stellt die Schwelle dar, die Sie überwinden müssen. Es lohnt sich auch, die Kettenglieder nur als Einzeldrachen zu bauen und zu fliegen.

Die Himmelsleiter, eine Kette aus verdoppelten Sleds, entwickelt schon in mäßigem Wind enorme Zugkräfte. Nach einem Prototyp mit den gleichen Dimensionen fertigte ich diese Kette auf Wunsch des Veranstalters als Beitrag des Otto Maier Verlags zum Drachenfest am Timmendorfer Strand, Herbst 1986. Ausdrücklich warnen möchte ich vor dem leichtfertigen Umgang mit Ketten dieser Größenordnung! Tasten Sie sich ganz behutsam, an die Handhabung heran, und vergewissern Sie sich der Mithilfe kräftiger Erwachsener.

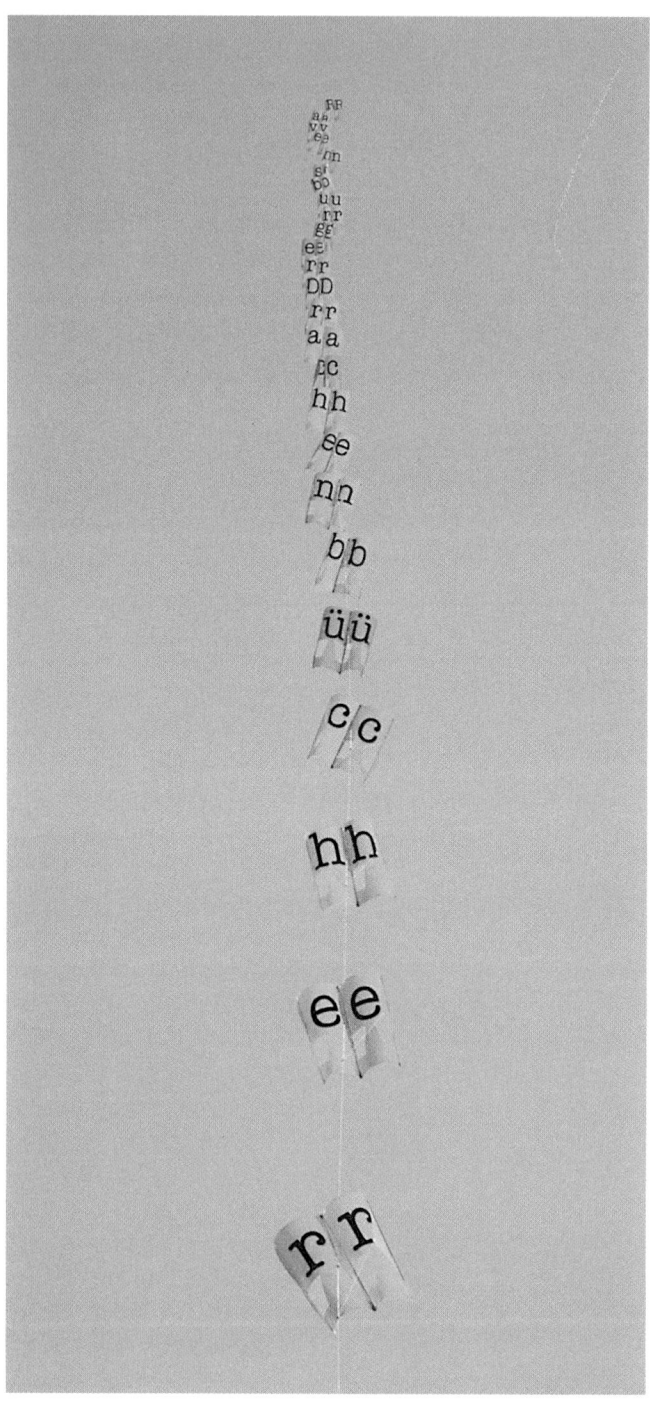

Die Himmelsleiter steil über den Besuchern beim Herbstdrachenfest in Schwäbisch Gmünd 1988. Der rührige Gmünder Drachenclub veranstaltet Feste am Wochenende nach Christi Himmelfahrt und im September (Auskunft 07171/72085).
Ein besonderes Erlebnis ist für mich immer die spontane Hilfsbereitschaft der Besucher, die ich beim Steigenlassen meiner Großobjekte erfahre, denn mit dem Halten einer Kette, wie der Himmelsleiter, ist man sehr schnell überfordert und auf Hilfe angewiesen, um die Kette an einem sicheren Anker anbinden zu können.

Himmelsleiter

Für jedes zusätzliche Zweierelement brauchen Sie:
Eine ca. 4 m lange Verbindungsschnur, nach unten mit zunehmender Belastbarkeit.
2 cm harten Kunststoffschlauch, ⌀ innen 6 mm, 1 Dosenring (Zeichnung), 2 Holzperlen, ⌀ 10 mm, Klebeband.

Gehen Sie in dieser Reihenfolge vor:
1. Der Ring einer Getränkedose erhält eine Öse eingedrückt.
2. Waagen der Einzeldrachen am Ring vereinigen.
3. Von unten kommende Schnur durch die Öse im Ring, Holzperle aufschieben, nächstes Schnurstück anknoten (a).
4. 1,5 cm Schlauch zwischen den beiden mittleren Waagenschnüren mit Klebeband befestigen, Leine durch den Schlauch (b).
5. Etwa 10 cm vor den Gerüststäben Knoten in die Leine, zweite Holzperle aufschieben (c).
6. 21,5 cm von oben befestigt man zwischen den beiden Gerüststäben ein 0,5 cm langes Schlauchstück, durch das die Leine zum nächsten Drachenpaar geführt wird (d).

Die Treppen der Himmelsleiter bestehen aus Sled-Zweierkombinationen (S. 16), die an einer Leine aufgereiht sind. Die Sleds bieten wohl die preiswerteste Möglichkeit, riesige Zugkräfte zu erzeugen. Beginnen Sie Ihre Experimente zunächst mit einer kleinen Kette. Wenn Sie sich davon überzeugt sehen, daß sich ein größeres Objekt lohnt, schaffen Sie zunächst die Voraussetzungen für eine rationelle Serienfertigung.
An der ersten Holzperle kann das Verdrillen der Schnüre durch die Drehbarkeit des Ringes korrigiert werden. Die zweite Holzperle verhindert, daß das Drachenpaar in der Schnur nach vorne fällt, wenn der Wind einmal nachläßt.

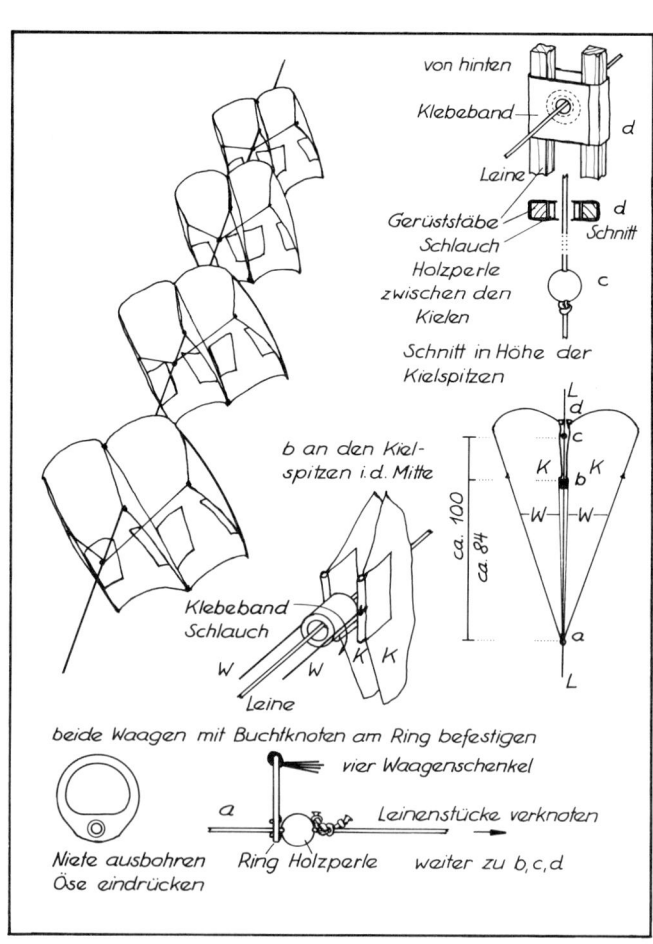

Start und Landung der Himmelsleiter

Für die Startmaschine brauchen Sie:
2 leere Waschmitteltrommeln (10 kg), zwei Fahrradvorderradnaben, Spanplattenschrauben, (40x) 3x35 mm, und (12x) 3x25 mm.
Leim, Packband.
Übrige Materialien siehe Zeichnungen.

Bauen Sie einen Grundkörper aus Leisten und drei Scheiben aus Spanplatten, 19 mm. Er sollte ganz eng in die beiden Waschmitteltrommeln passen, in die er eingeschoben wird. Die beiden Trommeln verbinden Sie in der Mitte mit Packband.
Die beiden äußeren Scheiben, in deren Mitte jeweils eine Fahrradnabe als Achse aufgeschraubt wird, werden mit Spanplattenschrauben am Grundkörper befestigt. Sie müssen genau zentriert sein. Als Material für diese Scheiben schlage ich Sperrholz, 10 mm, oder eine kunststoffbeschichtete Spanplatte vor. Ihre Schnittkanten müssen Sie sorgfältig spachteln, schleifen und streichen oder umleimen.

Sobald Ihre Himmelsleiter wächst, werden Sie nach einer gewissen Ordnung verlangen. Ein Notbehelf wäre z.B. eine ca. 1x1 m große Hartfaserplatte, um die Sie Ihre auf dem Boden ausgebreitete Kette legen können. Einen wirklich zügigen Ablauf von Start und Landung werden Sie aber nur mit einer Vorrichtung erreichen, mit der Sie die Kette auf- und abwickeln können. Die „Startmaschine", die ich Ihnen hier zeige, ist wirklich einfach zu bauen und hat nur Bestandteile, die Sie ganz leicht beschaffen können. Natürlich darf der starke Zug der großen Kette weder auf die Trommel noch auf andere Kettenglieder wirken. Gehalten wird immer nur an der Leine.

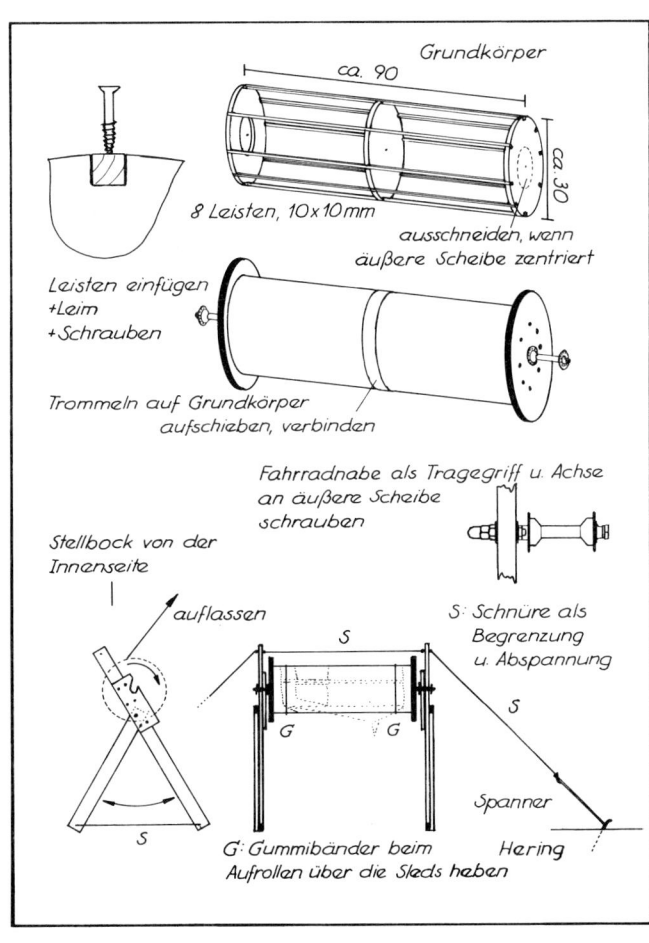

71

Beim Starten gehen Sie so vor, wie es hier rechts beschrieben ist. Beim Landen verfahren Sie gerade umgekehrt. Schon bei mittlerem Wind werden Sie Mühe haben, eine lange Sledkette durch Ziehen einzuholen. Als beste Methode habe ich herausgefunden: Binden Sie das Ende der Leine sicher an. Drücken Sie die Leine Stück um Stück nach unten, wobei Sie (eventuell mit Ihren Helfern) über die so gelandeten Sleds hinweggreifen. Nachdem Sie so einige Sleds niedergedrückt haben, gehen Sie langsam zum Ausgangspunkt zurück und lassen dabei gleichzeitig aufrollen. Bei jedem weiteren Vorwärtsarbeiten in der Kette wird es leichter gehen.

Foto rechts:
Einholen der Sledkette beim Drachenfestival in Scheveningen 1987, nachdem sie 6 Stunden, teilweise bei Regen, über dem Strand gestanden hatte.
Zwei freundliche Japanerinnen und ein junger Mann eilten spontan zu Hilfe, als meine Mannschaft (mit Sohn Michael und Freund Andreas) durch die Kette überfordert war.

Zuerst werden die Seitenteile des Stellbocks aufgestellt und seitlich über die Schnüre an Heringen abgespannt. Dann wird die große Rolle mit den Sleds eingesetzt. Beim Starten und Landen arbeiten Sie am besten zu dritt. Ein Helfer befreit die Sleds der Reihe nach von den beiden Gummibändern, durch die sie oben und unten auf der Rolle gehalten werden. Ein zweiter faltet die Sledpaare richtig auseinander, und der dritte hält die Leine der fliegenden Drachen und greift, eventuell im Wechsel mit dem zweiten Helfer, in die Leine des neu gerichteten Drachenpaares über.

Wie Sie sich bei einer sehr stark ziehenden Kette verhalten müssen, habe ich auf Seite 106 beschrieben.

Regenschirmkette

Sie brauchen für ein Regenschirmelement: Einen Regenschirmbezug, entsprechend dessen Durchmesser 4 Raminholzleisten, 5 x 5 mm. Inlettstoffreste für die Taschen (s.u.), einen Schwanz (s.u.), 4 Ösen, 4 Vorhanggleiter, einen kleinen Vorhangring, Verbindungsschnüre.

Neben dem bunten Regenschirmdesign bestimmen ganz wesentlich die Schwänze das Erscheinungsbild der Regenschirmkette. Suchen Sie in Ihrer Drachenwerkstatt alle Stoffreste zusammen, oder kaufen Sie ganz billige Stoffe aus Kunstfaser, die Sie dann verschiedenfarbig zu den Schwänzen zusammensetzen (s.u.).

Trennen Sie die Bespannung ganz vorsichtig vom Schirmstock und von den Speichen. Falls Sie den Stoff dabei in der Mitte verletzen, kleben Sie mit Gewebekleber einen runden Stoffleck auf, der in der Mitte ein Loch für die Schnur erhält. Die Stoffsegmente werden später an den Ecken durch die Stabendtaschen zusammengehalten.

Bunt bedruckte oder verschiedenfarbig zusammengesetzte Regenschirmbespannungen eignen sich ganz hervorragend als Drachensegel. Besonders attraktiv sind Ketten aus verschieden gemusterten Schirmen. Angeregt wurde ich zu dieser Konstruktion durch meinen Drachenfreund Harald Heuer aus Uelzen, der alte Schirme sammelte und dann zu einer vielbestaunten Kette vereinigte. Fragen Sie in Ihrem Bekanntenkreis nach alten Schirmen oder sehen Sie sich einmal beim Sperrmüll um. Meistens sind es ja nur die Gestelle, die defekt sind. Kleine Schäden in der Bespannung sind leicht zu überkleben oder zu nähen. Seien Sie aber etwas wählerisch: Die Schirme müssen unbedingt gleich viele Segmente (am besten acht) und sollten möglichst ähnliche Größe haben, wenn nicht, ordnet man sie innerhalb der Kette mit ansteigender Größe von hinten nach vorn. Am besten eignen sich Schirme mit nur geringer Wölbung, da sie ein recht flaches, an den Außenkanten gut gespanntes Segel liefern. Zur Mitte hin wird die Bespannung immer locker sitzen, was die Flugstabilität aber auch erhöhen kann.

Falls Sie keine alten Schirme auftreiben können, wenden Sie sich an ein gutes Schirmfachgeschäft. Ich bin sicher, daß man einen Weg finden wird, um für Sie bunte Schirmbezüge zweiter Wahl zu besorgen, die (für diesen Zweck) unbedeutende kleine Fehler aufweisen und sehr günstig abgegeben werden.

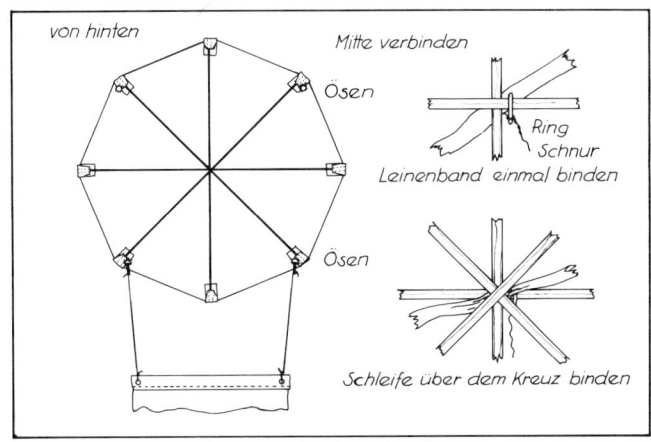

Die Taschen an den Ecken erfüllen mehrere Funktionen: Sie nehmen die Stabenden der Gerüststäbe auf, verbinden zuverlässig die Sektoren der Regenschirmbespannung und bilden gleichzeitig die Verstärkung für die Befestigung der Ösen, an denen die beiden Verbindungsschnüre oben und die Schwanzwaage befestigt werden.

Die Schwänze setzen Sie aus verschiedenfarbigen Stoffresten zusammen (s. Foto S. 77). Die Versteifung durch die beiden Bambusleistchen hat sich gut bewährt. Es ist außerordentlich nützlich, wenn sowohl die Schnüre, mit denen der Schwanz befestigt wird, als auch die oberen Verbindungsleinen einfach ausgehakt werden können (Vorhanggleiter). So lassen sich die Drachen wesentlich leichter entwirren, wenn sie einmal durcheinandergeraten sind.

In der Mitte wird die Verbindungsschnur an einem Ring angebunden, der auf einen Gerüststab (s.o.) aufgesteckt wird. Die Waage läßt sich am besten mit der Einstellhilfe aus einer Dosenklemme einstellen.
(s. Lit. 1, 2, 3).

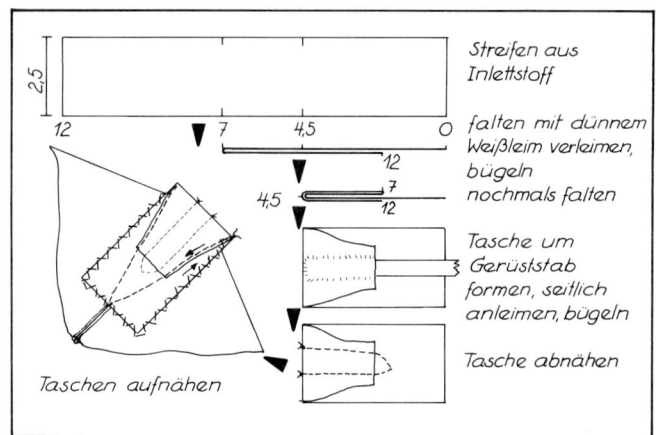

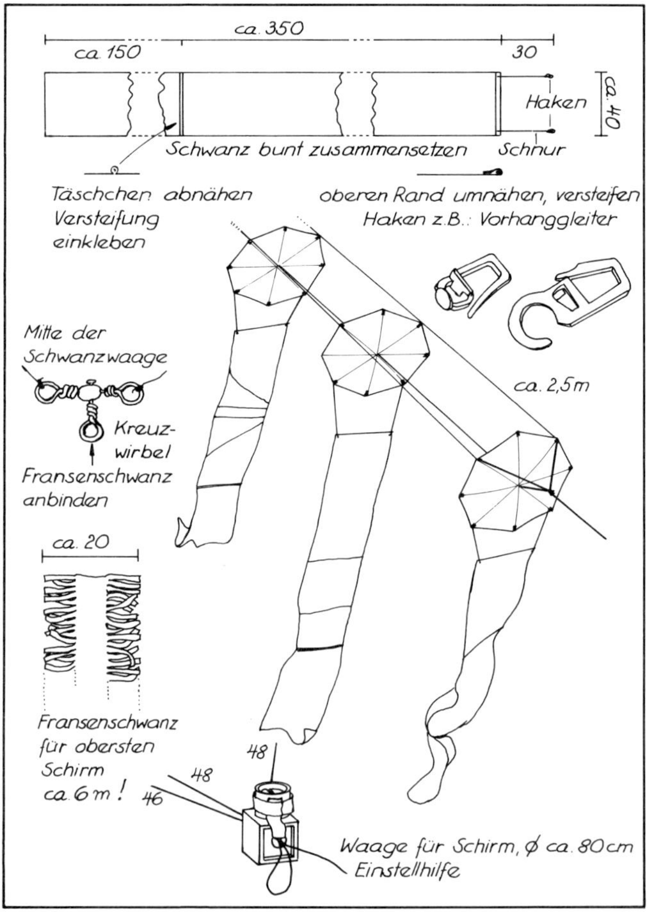

74

Meine ersten Erfahrungen mit einzelnen Regenschirmdrachen ermunterten mich, wenigstens die acht vorrätigen Schirmbespannungen in entsprechende Flugobjekte zu verwandeln. Bei einem Drachen nähte ich, mit dem Ziel, die Bespannung straffer zu bekommen, zusätzlich einen kleinen Sektor aus Spinnakernylon ein. Der Stoff wurde zwar daraufhin besser gespannt, ohne daß sich aber dadurch das Flugverhalten wesentlich verändert hätte. Versucht man, durch entsprechend lange Gerüststäbe (der vierte läßt sich meistens nur sehr schwierig in die letzte Tasche stecken) den Schirmdrachen gut zu spannen, so wölbt er sich sofort in der für den Schirm typischen Weise. Leider aber in der Regel gerade verkehrt herum, d.h. er wird konkav. Wie jeder erfahrene Drachenbauer weiß, ist ein konkaver Drachen instabil. Besonders der oberste, etwas kleinere Drachen meiner Kette, neigte dazu, sich verkehrtherum zu wölben, so daß er das ganze schöne Gebilde durcheinanderbrachte. Die Abhilfe war wirklich einfach: Eine Sehne zusammen mit einem kleinen federleichten Styroporklötzchen bescherte dem Schirm eine konvexe Wölbung. Zusätzlich war aber noch ein spezieller Fransenschwanz vonnöten, um diesen obersten Drachen richtig zu stabilisieren. Ausführliche Versuche haben gezeigt, daß nur das Zusammenspiel beider Maßnahmen, und nicht nur eine dieser Manipulationen, zum Erfolg führt.

Die Regenschirmkette ist, wenn sie einmal richtig getrimmt und stabilisiert ist, ein vielbestauntes Gebilde.

Den Fransenschwanz für den obersten Drachen fertigen Sie am besten aus Resten von Spinnakernylon oder anderen schmelzbaren Synthetikstoffen. Die Fransen werden einfach mit einem Lötkolben schmelzend geschnitten. Die Mitte der Schwanzwaage für den Fransenschwanz bildet ein verzweigter Wirbel (Anglerbedarf).

Spannen Sie die Sehne zunächst nur mäßig, und sorgen Sie dafür, daß die Enden auf dem Stab nicht verrutschen können. Die Unterseite des Styroporklötzchens passen Sie an zwei Gerüststäbe an. Die Sehne läuft in einer feinen Kerbe auf der Oberseite der Styporstütze. Sie wird erst unmittelbar vor dem Start gespannt.

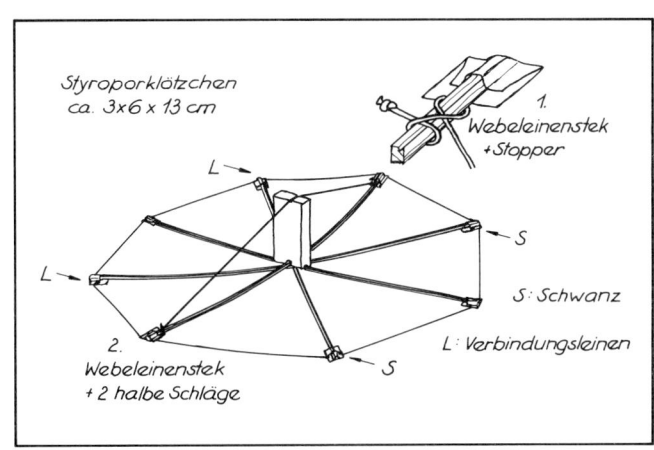

75

Die gut getrimmte Regenschirmkette läßt sich in die Hand zurückholen, d.h. man kann, nachdem der unterste Drachen gelandet ist, Schirm auf Schirm niederdrücken.

Schwänze sind bei manchen Drachen und Drachenketten nicht nur nötige Stabilisatoren, sondern auch Attribute, die ihr Erscheinungsbild wesentlich prägen können.

Kette aus Koreanischen Rechtecken

Für ein Kettenglied brauchen Sie:
Zwei Raminstäbe, 5×5 mm, je 89 cm lang.
0,72 lfm Spinnakernylon, 96 cm breit. Inlettstoff für die Taschen, Zwirnband, 10 mm breit, 3 Dosenringe, 2 cm PVC-Schlauch, ⌀ innen 6 mm, 6 m Absperrband.

Die Grundform dieses Drachens stammt vom Koreanischen Kampfdrachen (s. Lit. 1). Das Gerüst habe ich auf zwei Diagonalstäbe reduziert und auf die typische Wölbung verzichtet. Jedes Glied der Kette benötigt daher einen wirksamen Schwanz. Zum Bau dieser Kette wurde ich durch eine riesige Kette von Peter Rieleit aus Düsseldorf angeregt, die 1988 stundenlang beim Drachenfestival in Scheveningen flog und mit einem ersten Preis ausgezeichnet wurde. Meine Elemente für diese Kette habe ich ganz bewußt sehr leicht ausgelegt. Sie sind für Windstärken von 2 bis 5 Beaufort geeignet. Den untersten Drachen, dessen Waage die Kräfte zusammenfaßt, habe ich verstärkt.

Spinnakernylon (0,72 lfm) reichen für 2 Bespannungen. Schneiden Sie mit dem Lötkolben ohne Saumzugabe zu. Am besten arbeiten Sie mit einer Schablone aus Hartfaserplatte. Nur für den untersten Drachen bauen Sie die Versteifung aus GFK-Rohren, die Sie an den Ecken mit Drahtaugen (alternativ je 2 Ringschrauben) verbinden, die in die Rohre eingeklebt werden. Die Taschen für die oberen Stabenden nähen Sie am besten aus Inlettstoff. Mit den Taschen befestigen Sie gleichzeitig den Ring für die Verbindungsschnüre. Die Methode, die Taschen mit Gewebekleber, ersatzweise mit gutem verdünntem Weißleim, vor dem Nähen vorzuformen, hat sich hervorragend bewährt.

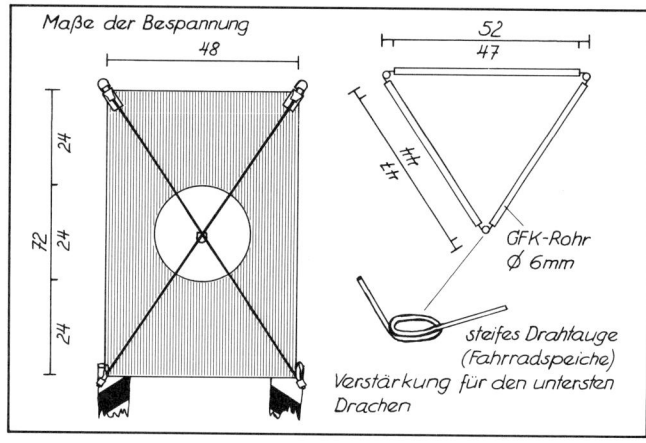

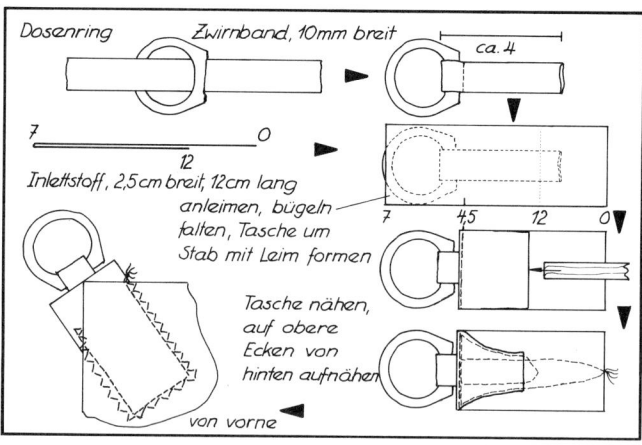

Die Gerüststäbe werden oben etwas abgerundet. Im Kreuzungspunkt, (43,3 cm von oben) bekommen die Stäbe Führungen, die ineinandergreifen. Auf dem Kreuzungspunkt wird der Ring für die mittlere Leine befestigt. Der Drachen wird mit Hilfe der Schlaufen aus Zwirnband an den unteren Ecken gespannt.

Das Baustellenabsperrband bekommt an den versteiften Enden enge Schnurschlaufen, die man durch die Ösen in der Bespannung und über die Gerüststäbe schiebt. Erst dann wird der Drachen gespannt. Das Schwanzband würde im Wind sehr bald zusammendrehen und seine stabilsierende Wirkung verlieren. Um dem vorzubeugen, habe ich in die Mitte der Schleife einen ca. 1 m langen Fransenschwanz aus Spinnakernylon eingenäht.

Die Verbindungsschnüre versehen Sie am besten mit Haken (z. B. Vorhanggleiter), die Sie nur in die Ringe an den oberen Ecken und in der Mitte einhaken müssen. Die Schnüre für die Waage dürfen Sie nicht am ersten Drachen selbst, sondern nur an den dort ankommenden Verbindungsleinen anknüpfen.

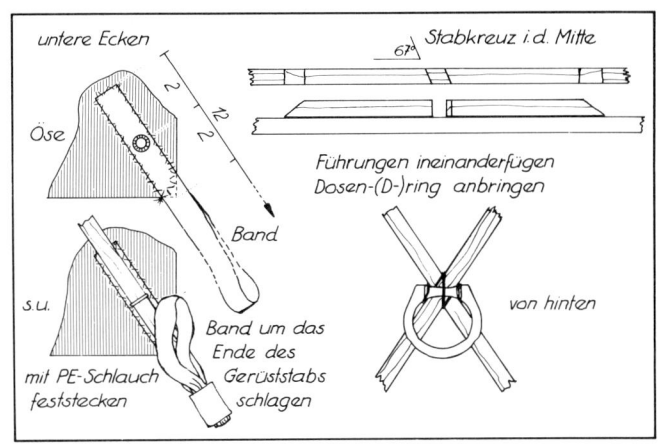

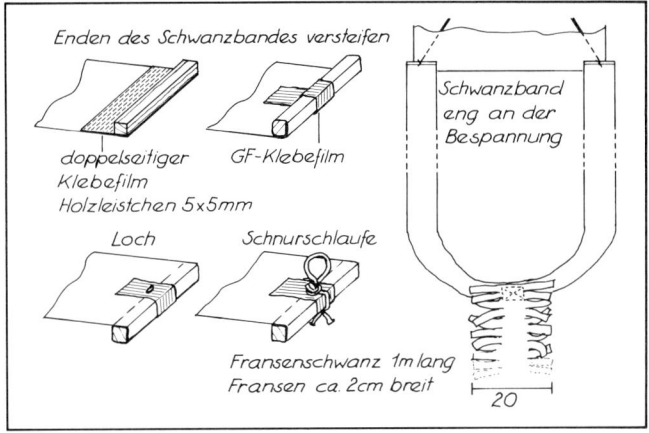

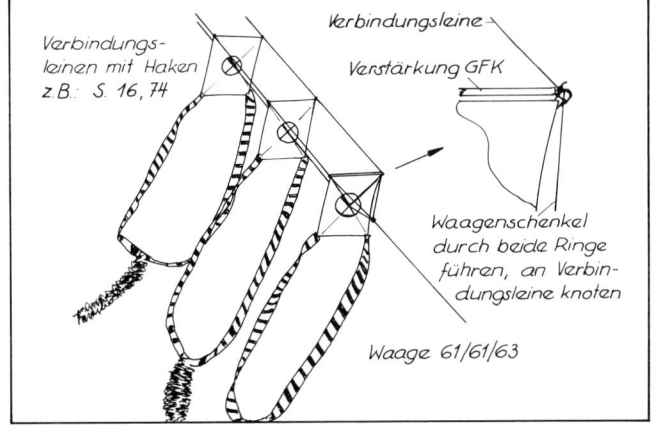

Foto rechts:
Die große Kette aus Koreanischen Rechtecken von Peter Rieleit über dem Strand von Scheveningen. Sie besteht aus 38 Drachen im Format 150 x 100 cm mit Bambusgerüst.
Der oberste Drachen ist mit etwas größerem Abstand angebunden. Jeder Schwanz ist 8 m lang. Der Flug ist anmutig pendelnd.

Foto unten:
Die farbenprächtige Kette ist startbereit. Beim Drachenfestival in Scheveningen 1987 wartete sie vergeblich auf den richtigen Wind.
Nicht weit davon lagen meine Peter-Lynn-Drachen, um nach dem Nieselregen vom Vortag zu trocknen (s. S. 72). Das Wetter bleibt bei unserer Liebhaberei ein unkalkulierbarer Faktor.

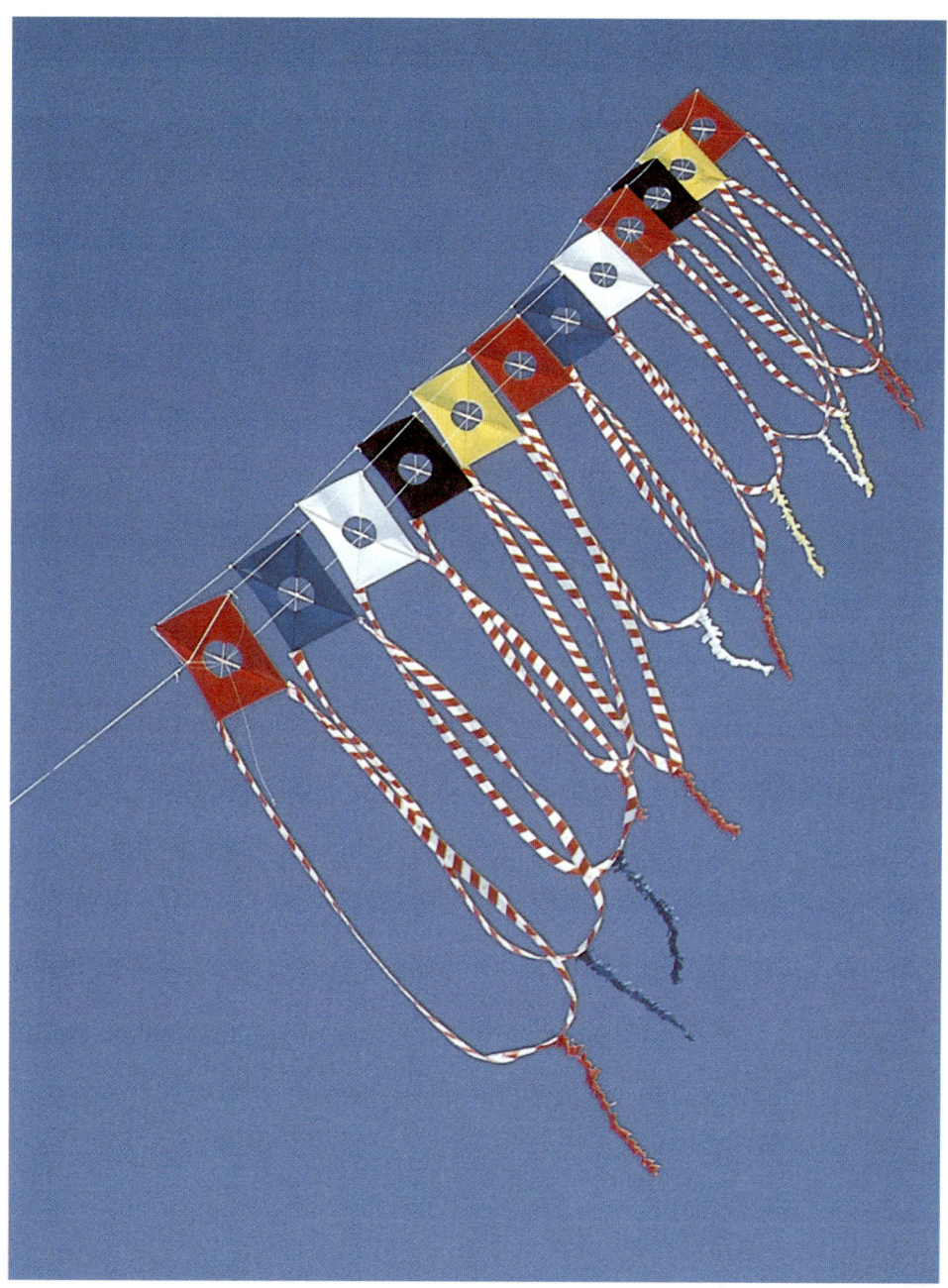

Drachen lieben nicht nur Wind, sie wollen auch ins rechte Licht gerückt werden. Das transparente Spinnakernylon der Koreanischen Rechtecke kommt herrlich zum Leuchten.

Ketten mit Schwänzen Verwahren – Transportieren – Starten

Schwänze nicht aufwickeln, sondern aufrollen!

Schwänze nicht seitlich abziehen, sondern abrollen!

Wenn Sie Ketten, deren Glieder mit mehreren Leinen verbunden sind, nach der Methode auf Seite 107 starten, brauchen Sie eine Mannschaft von 8 Personen: 2 richten die Drachen, 2 die Schwänze, 2 greifen links und rechts in die Leinen und wechseln sich dabei übergreifend mit den letzten beiden ab.

Die Voraussetzung für eine zügige Startvorbereitung müssen Sie schon zu Hause schaffen. Eine Drachenkette mit langen Schwänzen muß sehr sorgfältig verpackt und transportiert werden. Die schmalen Schwänze für das Drachenviereck (S. 59) und die Koreanischen Rechtecke sind für jedes Kettenglied einzeln um ein Kartonstück gerollt. Die breiten Schwänze der Regenschirmkette lege ich zum Transport genau übereinander und schlage sie über das ganze Regenschirmpaket.

Legen Sie zunächst die Drachen genau in der Windrichtung aus. Ziehen Sie die Schwanzwindungen auf keinen Fall seitlich ab, sondern lassen Sie den Schwanz sich überschlagend abrollen. Legen Sie die Schwänze ebenfalls genau in der Windrichtung unter den nachfolgenden Drachen aus. Kontrollieren Sie, ob alle Verbindungsschnüre wirklich frei sind, sich nirgends verhakt haben oder sogar verdreht sind.

Bei kleineren Ketten hebt man oftmals nur den untersten Drachen etwas an, der daraufhin vom Wind erfaßt wird und die übrigen Glieder mit sich zieht. Bei größeren Ketten sollten möglichst alle Glieder gleichzeitig in den Wind gestellt werden. Dazu genügt es in der Regel, wenn ein Helfer den ersten und ein weiterer Helfer den letzten Drachen leicht anheben, während Sie die teilweise ausgerollte Leine halten oder mit einem kurzen Ruck an ihr den Start einleiten. Schärfen Sie aber dem Gehilfen, der den letzten Drachen anhebt, ein, daß er möglichst nur dort anfaßt, wo die oberen beiden Leinen befestigt sind, damit der Drachen nicht zerstört wird, falls Sie kräftig an der Leine ziehen.

Bei schwachem Wind hat sich für die Kette aus Koreanischen Rechtecken ein Gesamtstart bewährt: Die Drachen werden aufrecht, etwas nach hinten geneigt, gestellt. Der Startvorgang wird dann einfach dadurch eingeleitet, daß sich durch Zug an der Leine die Drachen langsam nach vorne neigen, bis sie einen Anstellwinkel erreicht haben, der den nötigen Auftrieb bringt (s. Foto S. 80 unten). Bei kräftigem Wind müssen Sie die Startmethode auf Seite 107 für die Mehrleinentechnik modifiziert anwenden.

Lieschenkette

Für ein Lieschen brauchen Sie:
1 Glasfiberstab, ⌀ 2 mm, 125 cm lang. Einen käuflichen Bambussplittstab, 50 cm lang. 0,5 lfm Tyvek (mindestens 132 cm breit). Alleskleber, Weißleim, Schnurreste. Zum Verbinden: Geflochtene Perlonschnur, ⌀ 1 mm, Zugringe.

Ein Drachengerüst mit gebogener Kopfleiste bietet sich ganz besonders für Ketten an, denn die flexible Leiste ermöglicht dem Drachen, eine gewinkelte Fläche zu bilden, so daß zusätzliche stabilisierende Elemente, z.B. Schwänze, nicht zu üppig gewählt werden müssen. Natürlich lassen sich diese Bögen auch aus Bambusleistchen formen. Die dünnen, aber sehr haltbaren Glasfiberstäbe führen Sie aber sehr viel schneller an Ihr Ziel und geben Ihnen außerdem die Gewähr, daß der Bogen beim Spannen immer die gleiche Form annimmt. Die bemalbare Tyvekbespannung läßt der Gestaltung, in die ich hier meine Tochter Maresa mit Freundin Britta einbezog, einen sehr großen Spielraum.

Verbinden Sie zunächst Bogenstab und Achsholm oben. Für die Serienfertigung hat sich eine Hartfaserplatte bewährt, auf der die Gerüststäbe mit Klemmen (kräftige Wäscheklammern) fixiert werden. Den Bogen läßt man die Form annehmen, die er selbst beschreibt, wenn man seine Enden in der angegebenen Weise mit einer dünnen Schnur spannt.

Das Tyvek schneiden Sie am besten mit dem Lötkolben entlang einer Schablone aus einer Hartfaserplatte zu (alle gestrichelten Linien in der Zeichnung). Die Zugabe im Bogenbereich ist ca. 2,5 cm breit. Sie wird eingeschnitten und um den Glasfiberstab geleimt.
Zum Bemalen verwenden Sie Acryl-Abtönfarben.

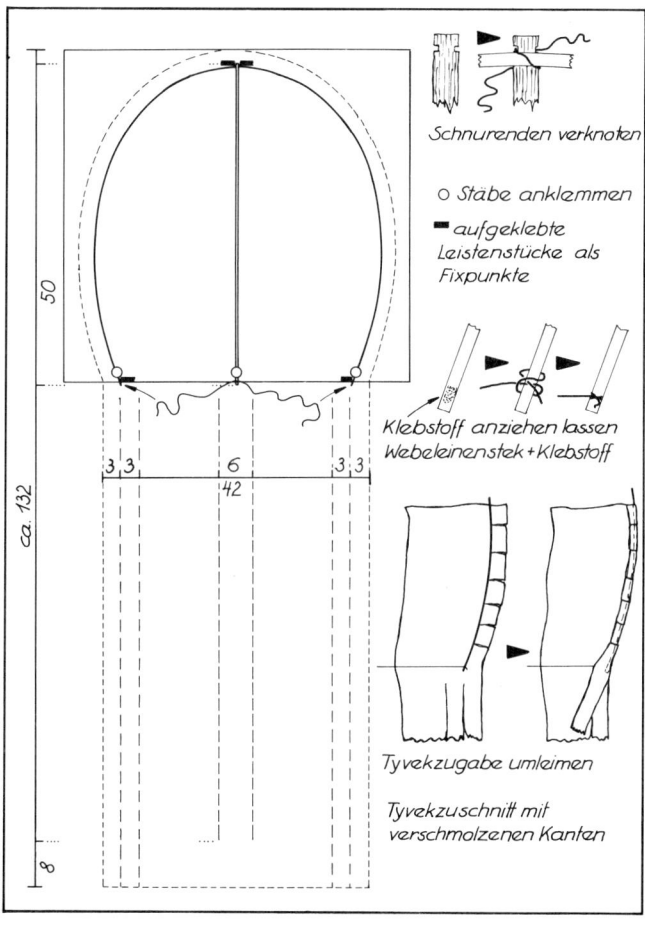

Lieschen verschmitzt lächelnd und traurig.

Britta und Maresa in Aktion.
Für das Bemalen von Tyvek verwendet man am besten Abtönfarben in Acryl-Qualität.

In starkem Wind steigt die Lieschenkette ganz wild auf und verharrt stundenlang, dauernd hin und her schwingend und die Gestalt verändernd, am Himmel.

Die durchlaufende Schnur kann für mehrere Drachen in einem Stück bleiben. Ich bevorzuge dagegen einzelne Schnurabschnitte von ca. 215 cm Länge, die als Verbindungsschnüre zwischen jeweils nur zwei Drachen dienen. Beim gemeinsamen Ablängen der Schnurstücke markiert man auch gleich den Befestigungspunkt für den Ring.

Gehen Sie bei der Endmontage in der folgenden Reihenfolge vor: Verstärken Sie zunächst alle Lieschen an den Punkten, wo Sie Löcher für die Schnurbefestigungen mit dem Lötkolben einschmelzen. Dann befestigen Sie den unteren Waagenschenkel mit einem Laufknoten am Achsholm. Nachdem Sie die Leine jeweils am oberen Ende des Achsholms unter dem Bogen durchgeführt und verknotet haben, bringen Sie den Zugring mit einem Buchtknoten in die Leine. Erst dann befestigen Sie den unteren Waagenschenkel mit einem Achtknoten am Ring.

Das oberste Lieschen soll ganz besonders ruhig fliegen; es wird mit einem kurzen Schwanz zusätzlich stabilisiert.

Die liebliche Lieschenkette, die genausogut aus Clowns, Gespenstern oder irgendwelchen anderen Gestalten bestehen könnte, ist nicht nur einfach zu bauen, sondern auch sehr schnell zu starten und einzuholen. Wenn auch der Alleinstart gelingt, sollten Sie, zumal bei kräftigerem Wind, am besten zu dritt sein. Während ein Gehilfe ein Lieschen nach dem anderen vom Stapel auf dem Boden entläßt, sorgt ein zweiter dafür, daß sich der Drachen richtig entfaltet. Die dritte Person, am besten Sie als Erbauer(in), hält die Leine, die von den gestarteten Drachen unter Zug steht, und greift, sobald ein neues Lieschen gerichtet ist, in die Leine vor diesem neuen Drachen über.

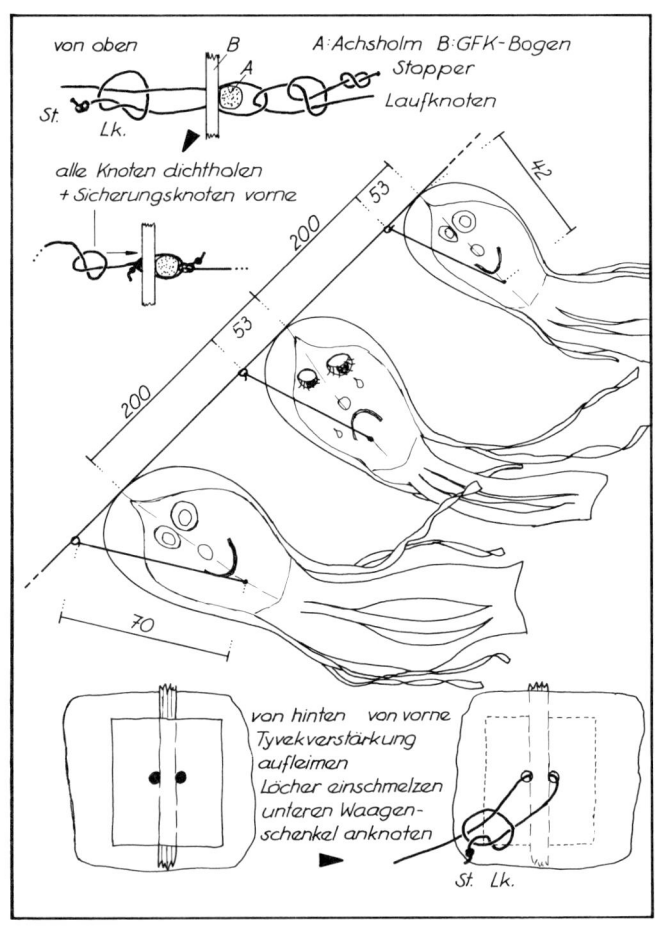

86

Sechs Eddys mit Waagen in einer Leine. Wenn die einzelnen Drachen ruhig stehen sollen, muß die Waageneinstellung bei den unteren Drachen etwas steiler werden.

Delta-Kette

Für einen Delta brauchen Sie:
Tyvek (s.u.), Ramin- oder Kiefernleisten,
5x5 mm, (3x) je 55 cm, (1x) 48 cm lang.
Schnurreste, Nähfaden, Alleskleber, Weißleim, Klebeband,
50 cm Leinen- oder Baumwollband,
eine Öse.

Deltadrachen, mit ihrem besonders eleganten Flug, gehören zu den beliebtesten Drachen. Als Kette fand ich sie in der Literatur nur einmal, untereinander jeweils mit mehreren Verbindungsschnüren verbunden. Im Experiment zeigte sich, daß die Deltadrachen auch an einer Leine aufgereiht werden können. Voraussetzung ist aber, daß die Modelle sehr zuverlässig fliegen. Vor allem die beiden obersten Drachen müssen unbedingt ruhig stehen. Weiter unten in der Kette wird eventuell auch ein richtiger „Hampelmann" akzeptiert. Obwohl diese Deltas ohne Schwänze auskommen, experimentierte ich mit unterschiedlichen Schwanzformen, um etwas mehr Leben in die Kette zu bringen.

Für den Zuschnitt des kleinen Deltas fertigen Sie am besten eine Schablone aus einer Hartfaserplatte an, die alle Zugaben enthält. Dort, wo Sie markante Punkte für die Hilfslinien durchzeichnen wollen, bohren Sie kleine Löcher in die Schablone.
Spannen Sie das Tyvek faltenfrei auf eine schnittfeste Unterlage, und schneiden Sie entlang der Kante der Schablone mit einem scharfen Messer zu. Zeichnen Sie alle Hilfslinien. Kleben Sie beim Umschlagen der Zugaben in der Mitte des Kiels und der Flügel kleine Schnürchen mit ein. Kleben Sie alle Säume nach hinten um. Legen Sie dann Ihr Flügelpaar, Vorderseite nach oben, auf die Arbeitsplatte.

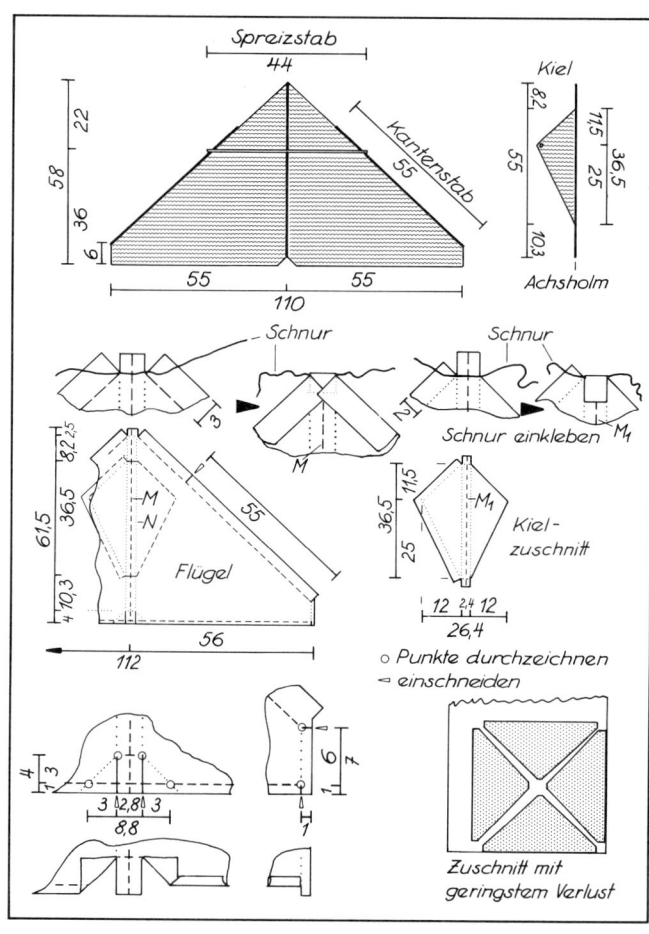

Legen Sie entlang M eine feine Klebstoffspur, und kleben Sie den Kiel, M₁ auf M, auf das Flügelpaar. Falten Sie entlang M/M₁, nähen Sie entlang N alle vier Tyveklagen zusammen. In die entstandene Tasche stecken Sie den Achsholm und befestigen ihn mit den Schnüren. Die Kantenstäbe werden entlang K aufgeklebt. Die Zugabe streichen Sie satt mit verdünntem Weißleim ein und packen damit die Stäbe richtig ein. Die Kielhäften werden zusammengeleimt (Zugaben umschlagen). Drücken Sie dann nahe der Kielspitze die Öse ein. Die Löcher für die Zwirnbänder schmelzen Sie am besten mit einem Lötkolben.

Der Spreizstab bekommt kleine Wicklungen aus Klebeband, die verhindern, daß die Zwirnbänder verrutschen können. Bei jedem Delta werden die Zugkräfte entlang einer Schnur durch den Drachen geleitet. An ihr werden die Verbindungsleinen, am besten mit Haken und Wirbel, angebracht.

Zum Transport entfernt man die Verbindungsleinen und steckt die Deltas hintereinander, jeweils unter die Spreizstäbe der vorderen Deltadrachen.

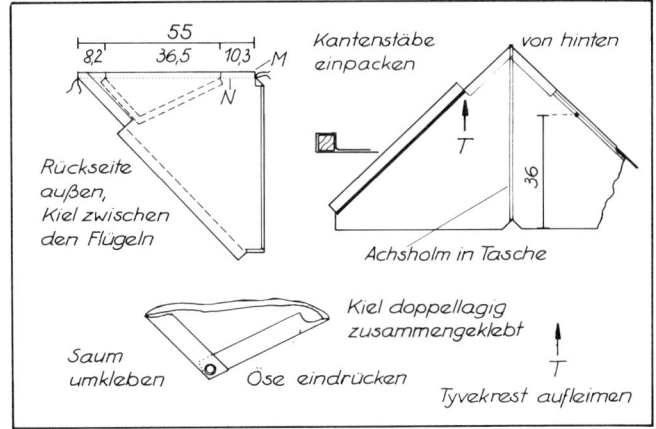

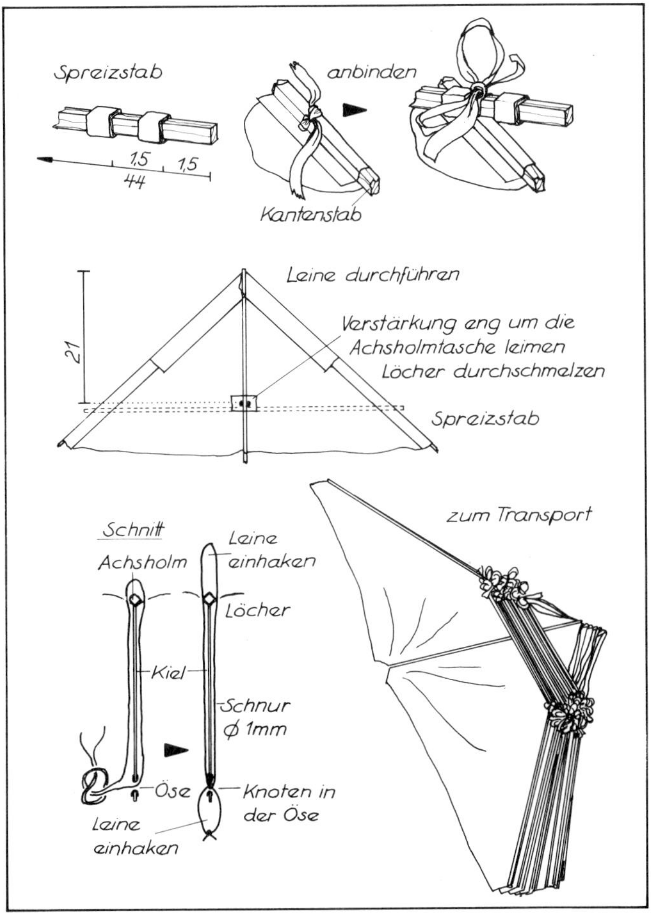

91

Die kleinen Deltas sind muntere Kettenglieder. Die Kette strahlt Anmut und Beschaulichkeit aus, wenn sie leicht schlingernd steil am Himmel steht.

Die Kette aus zwanzig Kastendrachen in sanftem Wind. Die Kräfte auf der Leine können enorm sein. Bei Windstärke 5 Bft mußte ich bei 13 Drachen aufhören.

Kastendrachenkette

Das Problem ist immer das gleiche: Wie bekomme ich bei einer Kette die Kraft mit Hilfe der Drachenleine durch die Drachen. Bei Flächendrachen, ob flach oder gewölbt, gelingt dies oftmals nur dadurch, daß man auf mehrere Verbindungsleinen ausweicht. Bei dreidimensionalen Kastendrachen ist es noch schwieriger, sofern die Konstruktion nicht gerade dort eine Lücke offenläßt, wo die Leine durchgeführt werden soll.

Verwenden Sie für diese Kette nur wenig dehnbare Drachenschnüre. Für die ersten 5 Drachen ca. 0,5 mm, bis 10 Drachen ca. 1 mm, bis 20 Drachen 1,5 bis 2 mm starke geflochtene Perlonschnüre, die Sie speziell für diese Kette präparieren.

In den letzten Jahren bin ich ganz davon abgekommen, dem einfachen Kastendrachen eine Waage zu verpassen. Vielmehr habe ich mir die Hargravesche Methode zu eigen gemacht und binde den Kastendrachen, sofern er auf einer Kante fliegt, nur an einem Punkt, am Überstand des vorderen Kantenstabes, oben an.

Um eine Kette aus solchen Kastendrachen zu bilden, müßte die Fortführung der Leine noch im Bereich der oberen Zelle auf den hinteren Kantenstab stoßen, so daß dort eine Durchführung bei dem hier benutzten Modell unmöglich wäre. Eine interessante Konstruktion zeigt Eiji Ohashi aus Japan (Lit. 6), der seine Kastendrachen, die in allen Kanten durch Leisten versteift sind, im Bereich der Leinendurchführung mit zwei Kantenleisten baut und die Leine durch einen Spalt zwischen diesen beiden Kantenstäben zieht.

Ich fand eine Lösung, bei der das einfache Kastendrachenmodell ohne irgendwelche Veränderungen eingesetzt werden kann. Die Drachenleine wird am Ende des hinteren Kantenstabes oben angebunden (aufgesteckt). Am überstehenden Ende des vorderen Kantenstabes wird eine kurze Schnur befestigt, die an einem Ring in der Leine angebunden ist und den Kastendrachen ausrichtet. Die Kraft wird damit nicht durch den Drachen, sondern am Drachen vorbeigeleitet. Sie werden überrascht sein, welche großen Zugkräfte schon wenige Kastendrachen erzeugen können.

Bei den ersten Versuchen genügt es, die Schnüre mit Webeleinensteks direkt an den Kantenstäben anzubringen und mit Klebeband zu sichern. Um einen zügigen Start zu ermöglichen, sollten Sie Steckverbindungen aus steifen, gewebeverstärkten PVC-Schlauchstücken anfertigen, auf denen Sie Leine und Führungsschnüre anbinden.

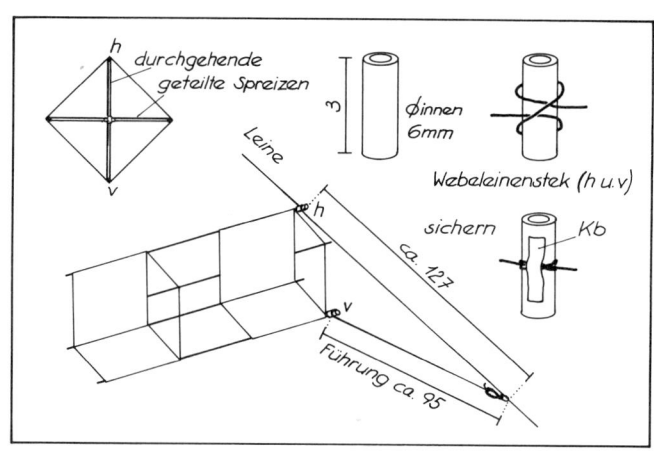

Die Führung muß den Drachen richtig in den Wind stellen, andererseits darf sie nicht zu straff sein, was leicht geschehen kann, wenn unter starkem Zug die Leine gedehnt wird. Einen gewissen Spielraum schafft der Gummiring (von einem Fahrradschlauch), den ich zwischen Ring und Führungsschnur befestige. Wenn die geteilte Spreize quer zur Leine angeordnet ist (S. 94), klappt der Kasten bei übermäßigem Zug einfach zusammen, ohne zerstört zu werden. Durch Verschieben des Rings in der Leine können Sie die Einstellung jederzeit korrigieren. Typisch für die Kastenkette ist ein leichtes Hin- und Herschwingen, wobei eine Sinuskurve an den Himmel gezeichnet wird.

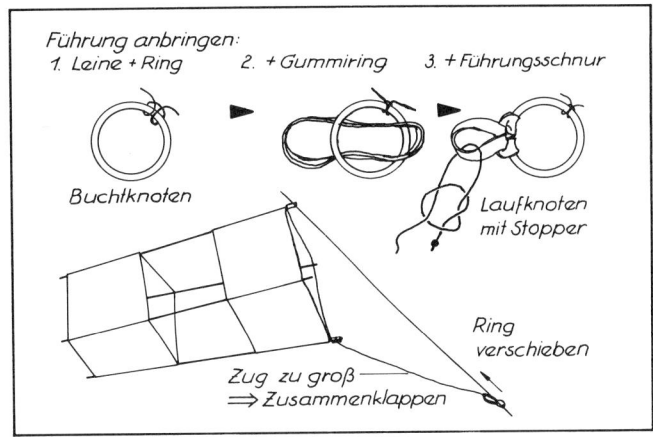

Den Abstand zwischen den einzelnen Kastendrachen legen Sie durch die eingebundenen Schlauchstücke und die Führungen fest. Bei mir ist er 4 m.

Mit den abzweigenden Führungsschnüren kann es beim Aufwickeln der Leine zu einem heillosen Wirrwarr kommen. Ich schlage Ihnen daher vor, die kurzen Schnüre parallel zur Hauptleine zu legen. Machen Sie dann in die Hauptleine einen Webeleinenstek (s. S. 26), in dem Sie das Schlauchstück der Führung festbinden.

Beim Start bauen Sie zunächst drei Kasten auf, die, in die Leine gesteckt, stabil fliegen können. Binden Sie dann die Leine an, und bauen Sie einen weiteren Drachen auf, fügen Sie ihn in die Leine unterhalb des Anbindepunkts ein, lösen Sie die Leine, entlassen Sie den vierten Drachen übergreifend in die Luft, und binden Sie unterhalb dieses Drachens wieder an (Leine nur um einen Pfahl legen, s. Lit. 3). Auf diese Weise können Sie ganz ohne fremde Hilfe sogar bei sehr starkem Wind Ihre Kastenkette nach oben bringen.

Auch bei den nachfolgenden Ketten hat sich diese Methode ausgezeichnet bewährt. Da Sie aber dort die Abstände der Drachen auf der Leine nicht fest vorgegeben haben, können Sie sich auch dadurch, zumal bei schwächerem Wind, den Start wesentlich erleichtern, daß Sie den ersten Drachen an einer leichten langen Leine hochschicken und dann in aller Ruhe die nachfolgenden Elemente einfügen.

Doppelkastenkette. Das wetterfeste Material kann nicht nur harten Winden trotzen, auch ein kleiner Regenspritzer richtet kein großes Unheil an.

Die Dreieckskastenkette erlaubt die Leinendurchführung unmittelbar unterhalb der oberen Zelle. Die Flächenelemente bieten viele weitere Spielmöglichkeiten.

Dreieckskastenkette

Die Leine wird direkt unterhalb der obersten Zelle befestigt und kann daher ungestört von hinten eingeführt werden. Die Flächenelemente (S. 44) werden an der vorderen Kante erst zusammengesteckt, wenn die Leine um die Stäbe gelegt und nach vorne zum nächsten Kastendrachen weitergeleitet wurde.

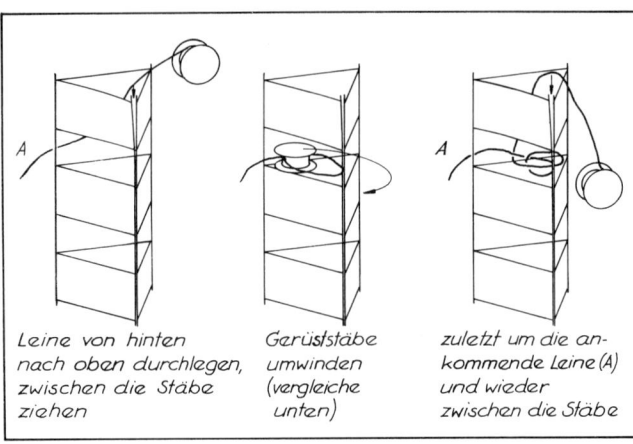

Leine von hinten nach oben durchlegen, zwischen die Stäbe ziehen

Gerüststäbe umwinden (vergleiche unten)

zuletzt um die ankommende Leine (A) und wieder zwischen die Stäbe

Doppelkastenkette

Zunächst steckt man die beiden Kastendrachen oben und unten zusammen und bringt die Verspannung am unteren Ende an. Die Schnur wird mit Webeleinensteks um die Stabenden gelegt (s. S. 26) und das Ende zusätzlich durch zwei halbe Schläge am Schnuranfang gesichert. Damit die Drachen rechtwinkelig ausgerichtet werden, kann man einen weiteren Kastendrachen als Hilfe benutzen.

Die obere Schlauchverbindung löst man wieder, windet die Drachenschnur in der angegebenen Weise um die Stäbe, zieht zusammen und sichert mit einem passenden Schlauchstück und/oder einem kleinen Stück Klebeband.

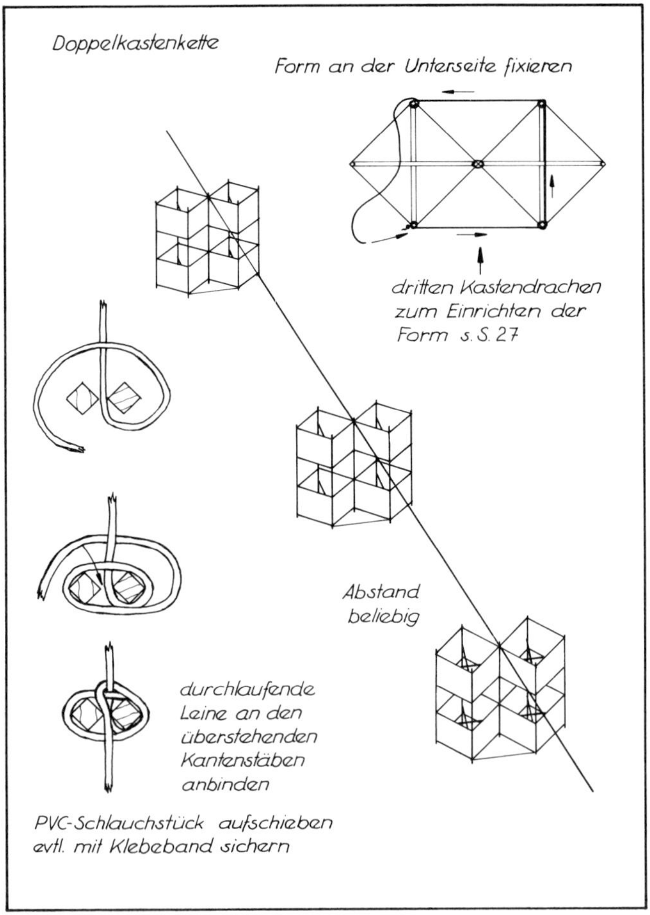

Doppelkastenkette

Form an der Unterseite fixieren

dritten Kastendrachen zum Einrichten der Form s. S. 27

Abstand beliebig

durchlaufende Leine an den überstehenden Kantenstäben anbinden

PVC-Schlauchstück aufschieben evtl. mit Klebeband sichern

Himmelsstürmerketten

Sie brauchen:
Bei Zweileinentechnik:
Zwei dehnfeste Schnüre und je zwei Haken (Vorhanggleiter) pro Kettenglied.
Einleinentechnik: Eine kräftige Drachenschnur, Ø mind. 1,5 mm, die auch dehnbar sein darf. Duschvorhangringe und kräftige Gummiringe.

Drachen mit so überzeugenden Flugleistungen wie die Himmelsstürmer, eignen sich ganz ausgezeichnet als Glieder einer zugkräftigen Drachenkette. Während der Konstrukteur dieser Drachen, Mel Govig (USA), seine „Cloud Seeker" als Kette mit zwei durchlaufenden Leinen fliegt und dafür auch manchen begeisterten Nachahmer fand, schien mir die Verwendung durch diese Anbindemethode doch etwas eingeengt. Nach den positiven Erfahrungen bei der Stabilisierung der Peter-Lynn-Kette (S. 103 ff) entschloß ich mich dazu, es bei der Himmelsstürmerkette neben der Zweileinentechnik auch mit nur einer Leine zu versuchen, um von Schnüren mit festgelegten Abständen loszukommen.

Einleinentechnik:
Den obersten Drachen bindet man am Zugring an. Die nachfolgenden Kettenelemente erhalten je eine Führung aus einem Duschvorhangring, die mit einem Gummiring (Fahrradschlauch) am oberen Kreuz befestigt wird. Die Drachen werden jeweils mit ihren Zugringen mittels eines Buchtknotens in die durchlaufende Leine geknüpft.

Zweileinentechnik:
Spannen Sie zwei gleiche, wenig dehnbare Leinen unter gleichem Zug nebeneinander. Markieren Sie darauf die Abstände für die Drachen, und binden Sie an den Marken Haken in die Schnüre, an denen die Drachen mit ihren Waagenpunkten eingehakt werden. Bei größeren Ketten versteift man den untersten Drachen.

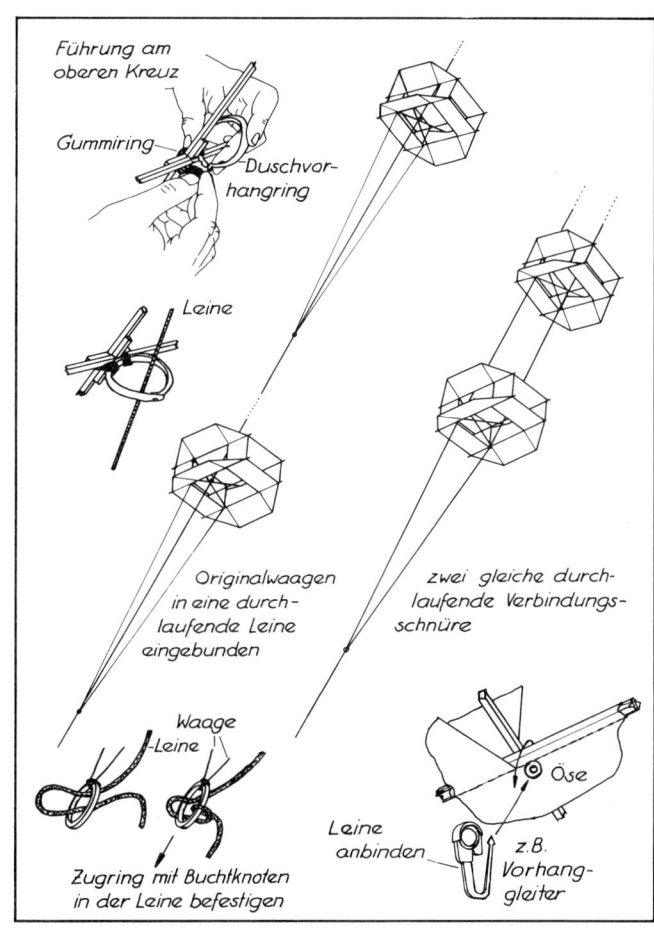

An einem lauen Spätsommerabend: Ein kaum spürbarer Windhauch ermöglichte es, den ersten Himmelsstürmer zu starten und die übrigen in die Leine einzufügen.

Bei strahlender Sonne, Wind 4 Bft: Unter diesen Bedingungen sollte man eine kleine Mannschaft haben, um die Himmelsstürmerkette sicher starten und landen zu können.

Der einzelne Himmelsstürmer kann schon bei einem leisen Lufthauch fliegen, wenn man ihn mit der Methode des Steigen- und Driftenlassens (Lit. 2 u. 3), für die er sich wie kein anderer eignet, in die Höhe lockt. So einfach geht es unter den gleichen Bedingungen mit einer Kette natürlich nicht.

Bei der Kette mit den zwei Leinen müßte man es mit einem Gesamtstart der ganzen Kette, ähnlich wie auf Seite 82 beschrieben, versuchen. Die vierflügeligen Kastendrachen, die gut senkrecht aufzustellen sind, kommen dieser Methode entgegen.

Bei der Einleinenkette sind die Abstände nicht festgelegt. Man kann daher zunächst einmal einen Himmelsstürmer an einer ganz dünnen Schnur in die Höhe setzen, warten, bis er sich stabilisiert hat, und dann die anderen Drachen in kleineren Abständen in die Leine binden. Das Farbfoto auf Seite 100 entstand nach so einem Start an einem lauen Spätsommerabend.

Die Methode, die Himmelsstürmer nur in eine Leine, statt in zwei zu binden, bringt durch die vielen Variationsmöglichkeiten überzeugende Vorteile. Dem Nachteil, daß ein Drachen, wenn der Wind nachläßt, an der Leine entlang ein Stück nach unten gleiten kann, begegnet man bei zu schwachen Winden dadurch, daß man ein kleines Leistchen mit einem Webeleinenstek knapp unterhalb der Führung in die Drachenschnur bindet.

Beim Start der Einleinenkette in kräftigem Wind wenden Sie die Methode an, die ich auf Seite 106 für die Peter-Lynn-Drachen beschrieben habe.

Wenn Sie in starkem Wind Bedenken haben, einen Gesamtstart der Zweileinen-Himmelsstürmerkette vorzunehmen, müssen Sie die Drachen, einen um den anderen, am besten mit einem Helfer an beiden Leinen führend auflassen und dabei immer, wenn ein neuer Himmelsstürmer dazukommt, übergreifen. Für ganz große Himmelsstürmerketten dieser Art muß die Waage, die die Kräfte aller Drachen auf die Leine zusammenführt, sehr lange Schenkel haben. Am besten bringt man in diese Waage unmittelbar vor dem untersten Drachen einen Querstab an, der verhindert, daß die großen Zugkräfte den Drachen zum Zusammenklappen bringen.

Peter-Lynn-Kette

Sie brauchen für jedes Kettenglied unterhalb des Leitdrachens:
1 Duschvorhangring, zwei Gummiringe von einem Fahrradschlauch, ca. 2 m Spannschnur, Ø 1 mm. Wählen Sie die geflochtenen Perlonschnüre, mit denen Sie die Drachen verbinden, lieber etwas zu stark!

Für die obersten Drachen sollte die Verbindungsleine mindestens 2 mm Durchmesser haben. Nach unten sollte sie stärker werden. Ab dem 6. Drachen muß der Durchmesser mindestens 4 mm betragen.
Wenn Sie die Schlaufen abbinden, denken Sie daran, daß jeder Knoten die Leine schwächt.
Man kann entsprechende Schlaufen auch beibändseln.
Den Abstand der Drachen habe ich mit 6 m festgelegt. Er kann aber auch größer ausfallen.
Bei sehr schwachem Wind hat es sich bewährt, den ersten Drachen an einer leichten langen Leine vorauszuschicken.
WARNUNG: Ab Windstärke 4 bis 5 Beaufort sollten Sie sehr sorgfältig prüfen, ob Sie mit Ihren Gehilfen der Kette gewachsen sind!

Die großartigste, zuggewaltigste und auch überall dort, wo ich mit ihr in Erscheinung trat, aufsehenerregendste Kette, die ich bisher gebaut habe, ist zweifellos die Peter-Lynn-Kette. Schon mein erster Peter-Lynn-Prototyp inspirierte mich dazu, in der Verlängerung seines Befestigungspunktes einen geflügelten Kastendrachen anzubinden. Ich war von dem Gelingen dieser Kette so überzeugt, daß ich ohne weitere Nachprüfung 12 Kettenglieder baute. Die einzige Korrektur, die sich ergab, war die Führung am hinteren Ende des oberen Spreizstabes, die eine gewisse Entwicklung durchlief, bis ich in einem Duschvorhangring das passende Teilchen gefunden hatte.

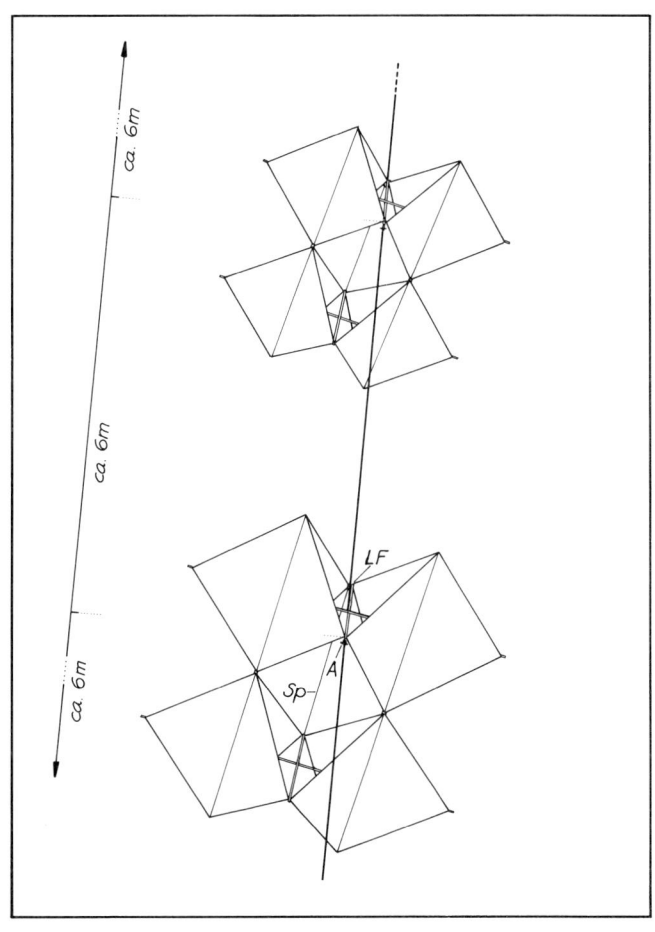

Peter-Lynn-Kette mit Blümchenkette und einer 6er-Kastenkombination. In sanftem Wind vollführt die P.-L.-Kette, wie viele Ketten, eine typische Schlingerbewegung.

P.-L.-Kette steil und ruhig bei mittlerem Wind. Start und Landung werden immer zu einem großen Spektakel, das nur gelingt, wenn kräftige Helfer mit zupacken.

Der Duschvorhangring wird geöffnet und mit einem Gummiring unmittelbar unterhalb der Kerbe des oberen Spreizstabes befestigt. Alle Duschvorhangringe sollten sich nach der selben Seite öffnen lassen. Die Führung wird zum unteren Spreizstab mit einem weiteren Gummiring und der schwach gespannten Schnur ausgerichtet.

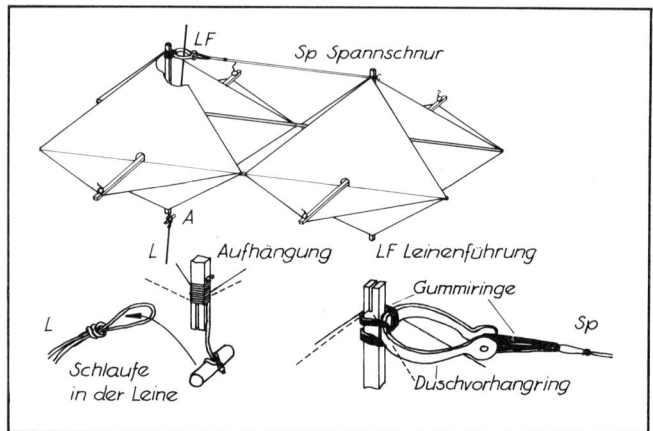

Transport:
Um einen raschen Aufbau im Gelände zu ermöglichen, entnehme ich zum Transport nur die Querstäbe. Sowohl die Spreizen als auch die Führungen belasse ich, mit kleinen PVC-Schlauchstückchen über allen Kerben gesichert, an den Drachen, die übereinandergelegt zu einem flachen Bündel verschnürt werden.

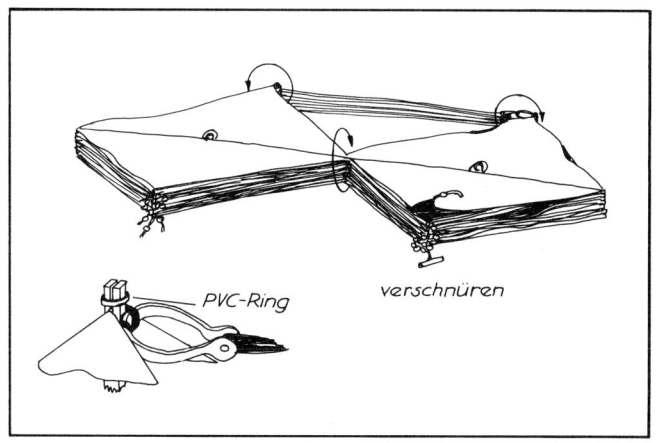

Starten und Landen

Bei gleichmäßigem und schwachem Wind habe ich die Peter-Lynn-Kette auch schon allein gestartet, war aber froh, daß ich Hilfe bekam, als der Wind auffrischte.
Ich rate Ihnen daher unbedingt, vor jedem Start eine kleine Mannschaft Erwachsener zu berufen, mit der Sie das Vorgehen genau absprechen.

Der erste Drachen wird gestartet. Bei allen nachfolgenden Kettengliedern wird die Rolle mit der Drachenleine von hinten durch die freie Mitte des Drachens geführt, die Leine in die Führung gelegt und das Hölzchen der Aufhängung durch die Schlaufe gesteckt.
Gehen Sie mit Ihrer Mannschaft (Hans, Just und Paul) ganz systematisch vor. Wenn die Zugkräfte stark ansteigen, ist es günstig, wenn Sie die Leine an Schlaufen anbinden können.
Spielen Sie die auf der nächsten Seite beschriebenen Methoden des Startens und Landens mit Ihren Helfern gedanklich durch, bevor Sie Ihre Peter-Lynn-Kette startklar aufbauen.

Unter mäßigem Zug:
1. H hält die gestartete Kette, nähert sich J, der die Schnur so spannt, daß er ruckfrei übernehmen kann (2.). P hat inzwischen einen neuen Drachen in die Leine eingefügt. J läßt nun die Kette weiter steigen, bis er an P übergeben kann. Inzwischen hat H einen weiteren Drachen aufgebaut und in die Leine eingefügt...

Unter starkem Zug:
Binden Sie die Leine an. Lassen Sie die Schnur bis zum Anbindepunkt spannen. Wenn H die Leine niederdrückt, erreicht er eine günstige Kräftezerlegung. H übergibt an J (3.), J hält die Schnur niedergedrückt und geht bis zum Anbindepunkt A. Die Schnur wird los- und unterhalb des nächsten Drachens wieder angebunden. Jetzt muß J vorübergehend den ganzen Zug der Kette aushalten; H und P können ihn unterstützen. Das Seil sollte nicht durch die behandschuhten Hände gleiten! J hält sie am Schlaufenknoten fest und geht mit ihr (4.) so weit, bis sie ganz gespannt ist. Weiter wie unter 3.
Wenn der ganze Zug am Pfosten hängt, kann man entspannt den nächsten Drachen aufbauen.

Sie erleichtern sich den Start nach 3./4. ganz wesentlich, wenn Sie die Leine erst unmittelbar vor dem Auflassen in der Führung LF unterbringen.

Beim Einholen gehen Sie, die Leine niederdrückend (umgekehrt 3./4.), dem Drachen entgegen. Greifen Sie (mit Gehilfen!) über den untersten Drachen hinweg, und fassen Sie die Leine etwa in der Mitte zwischen den beiden Drachen (Schlaufe?). Gehen Sie mit der Leine zum Punkt A, um anzubinden. Dann arbeiten Sie sich wieder dem Seil entlang nach vorne.

Falls Sie über eine Feldwinde verfügen, führen Sie deren Seil durch ein etwa 1,5 m langes Rohr, das durch die Mitte der noch nicht gespannten Drachen geht.

Besondere Ketten

Aus Ketten kann man wesentlich mehr machen, wenn man sich von der einfachen Anordnung hintereinander wegbewegt, mit seitlichen Schnüren und auch unterschiedlichen Drachen arbeitet, die Kette dazu benutzt, eine schiefe Ebene in die Höhe zu errichten und schließlich auch noch zusätzlich Bewegung ins Spiel bringt.

Bevor ich mit eigentlichen Ketten zu experimentieren begann, hatte ich immer wieder mehrere gleiche, aber auch ganz unterschiedliche Drachen an Seitenleinen angebunden und damit nicht nur wunderschöne Gebilde an den Himmel gesetzt, sondern auch enorme Zugkräfte erzeugt, die zu weiteren Spielen mit Fähren, zur Luftfotografie und zum Heben eines Dummy anregten. Auch als ich mich intensiv mit Ketten zu beschäftigen begann, fand ich es besonders interessant, die Gleichförmigkeit mancher Ketten, die zweifellos oftmals gerade den entscheidenden Effekt dieser Flugapparate bewirkt, mit weiteren Drachen aufzulockern.

Hier kann ich Ihnen nur einige Beispiele geben, die Sie zum Ausgangspunkt für eigene Spielereien betrachten sollten. Sie werden vielleicht für sich selbst ausschließen, gleiche Großdrachen in größerer Anzahl zu bauen. Aber Sie erhalten gerade dadurch unzählige Spielmöglichkeiten, daß Sie unterschiedliche dieser großen Drachen, die Sie schon besitzen, gleichzeitig zum Einsatz bringen können.

Auf jeweils fünf Eddy-Winzlinge folgte ein Gespenst. Henrik, Florian und Jörn entlockten der Flohkiste schließlich eine bunte Kette mit 60 Drachen.

Drachen an Seitenleinen

Für diese Verknüpfungsart eignen sich viele Drachenmodelle. Vorsicht ist immer mit langen Schwänzen geboten. Meiden Sie den ausgezeichnet stabilisierenden Maschenschwanz, denn er kann so in eine Schnur verwickelt werden, daß Sie stundenlang mit dem Entwirren beschäftigt sind.

Drachen an kurzen Seitenleinen in eine Hauptleine einzubinden erscheint auf den ersten Blick einfach und unproblematisch. Die Drachen können in der Regel vollkommen unverändert bleiben, was gegenüber den speziellen Verknüpfungen der Drachen in einer Kette von großem Vorteil ist.

Ein solches Gespann kann auch spontan im Anschluß an eine Drachenbauaktion ohne große Vorbereitung zusammengeknüpft werden, wenn die Bedingungen gerade günstig sind und die experimentierfreudigen Teilnehmer Lust zu einem reizvollen Spiel verspüren. Die Drachen können hinterher mit wenigen Handgriffen dem gemeinsamen Großobjekt entnommen werden.

Für Ihre ersten Versuche empfehle ich Ihnen einfache Drachenvierecke (Foto, s. Lit. 3), Sleds, Eddys oder Deltas. Wenn Ihre Drachen Schwänze brauchen, verwenden Sie Schwanzbänder, die zu einer Schleife geschlossen sind, da sie sich gut selbst aus einer Leine befreien können. Drachen mit überstehenden Gerüststäben können sich in einer Leine festhaken und müssen daher sehr sorgfältig auf ihre Tauglichkeit geprüft werden. Die Seitenleine muß jeweils kürzer sein als der Abstand zwischen den Anbindepunkten auf der Hauptleine, damit ein Drachen nur mit der Hauptleine und nicht noch mit einer weiteren Seitenleine kollidieren kann.

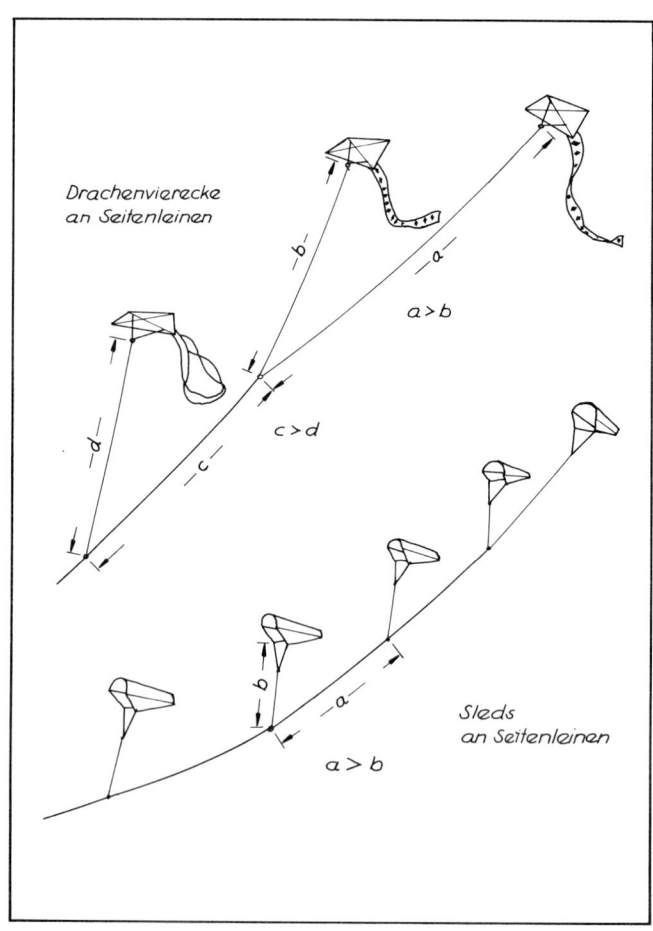

So groß die Freude an diesen wirklich leicht aufzubauenden Gespannen sein kann, so wichtig ist es aber auch, einige Dinge besonders im Auge zu behalten. Zunächst sollte jeder einzelne Drache sehr gut stabilisiert sein, denn wenn ein Modell zu kreisen beginnt, vollziehen alle anderen Drachen diese Bewegungen nach. Das kann ein reizvolles Spektakel geben, führt aber auch sehr schnell zum Niedergang aller Drachen. Vor allem lange Schwänze bringen ernsthafte Schwierigkeiten. Meiden Sie in jedem Fall Maschenschwänze! Ich bevorzuge Schwanzschleifen aus Papier, Stoff oder Kunststoffolie, die bei relativ geringer Länge ausgezeichnet stabilisieren können.

Problematisch wird es, wenn die Leinen einen Drall bekommen und Hauptleine und Seitenleinen zusammendrehen. Beim Drachenfest in Scheveningen (Holland) 1987 beobachtete ich eine solche Kette aus zweifach beschwänzten kleinen Sleds, die mit ihrem lebhaften Flug ein großartiges Schauspiel boten. Beim Einholen war ihr Erbauer stundenlang damit beschäftigt, mit liebevoller Sorgfalt die eingedrehten Seitenleinen aus der Hauptleine zu befreien. Abhilfe kann man dadurch schaffen, daß man die Hauptleine drehbar mit den Seitenleinen verbindet. Wie man das macht, habe ich hier unten beschrieben. Eine weitere Möglichkeit, mit Dosenöffnerring und Holzkugel, zeige ich bei der Himmelsleiter, Seite 70.

Am einfachsten bindet man die Seitenleinen an Ringe, die mit einem Buchtknoten (s. S. 14) in der Hauptleine befestigt sind. Wenn man die Seitenleinen frei drehbar anbringen will, muß man die Hauptleine mit einem Kreuzwirbel oder auch mit Holzkugeln präparieren. Denken Sie auch an die Belastbarkeit der Wirbel.

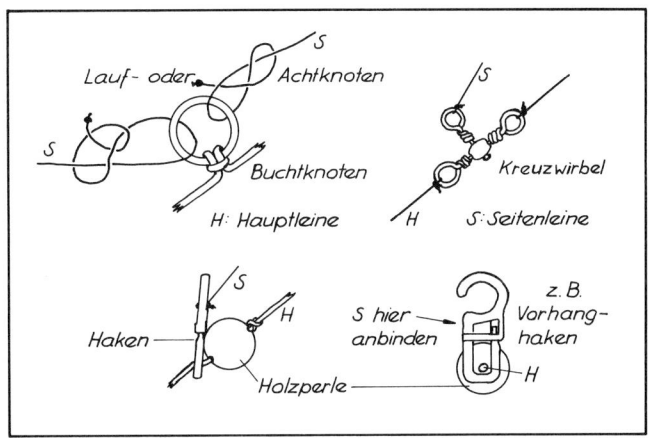

Sechs Eddy-Drachen mit sehr dünnen Seitenleinen an eine Hauptleine gebunden, in ganz sanften Wind. Bei diesem Wind wechseln sie ständig die Positionen.

Ein Drachenbaum, der vielfach ungläubig bestaunt wurde. Die Variationsmöglichkeiten sind unbegrenzt; dennoch muß die Aufeinanderfolge der Drachen gut überlegt sein.

Drachenbaum

Für den Drachenbaum müssen Sie die Drachen richtig auswählen und auch ihre Position innerhalb des Gebildes genau überlegen.

Ein Drachen mit langem Schwanz sollte besser nicht innerhalb eines Gespanns, sondern an dessen oberem Ende stehen. Günstig ist es, wenn man einen Drachen hat, für den der Wind gerade noch ausreichend stark genug ist. Zum Beispiel schicke ich gerne meinen Multibell, den ich sonst nur bei extrem starkem Wind fliege, oder eine ungeflügelten Kastendrachen als zweiten Drachen hoch. Er hält durch seinen eigenen geringen Auftrieb die Leine niedrig, und die nachfolgend eingebunden Drachen können gut über der Leine stehen. Besonders reizvoll ist es, weitere Verzweigungen in die Seitenarme zu bringen. So können Sie z.B. an Himmelsstürmer, Peter-Lynn-Kastendrachen, Eddys oder verdoppelte Sleds weitere Drachenleinen oder auch kleine Ketten (aber mit Vorsicht!) anbinden. Hier können Sie Ihre Drachenträume richtig ausleben.

Sie müssen nicht über eine größere Zahl gleichartiger Drachenmodelle verfügen, um Ketten zusammenstellen zu können. Am einfachsten ist es, ganz unterschiedliche Drachen mit Seitenleinen (s. S. 110/111) in eine Hauptleine zu binden und so einen bunten „Drachenbaum" an den Himmel zu zaubern.

Eigentlich wundere ich mich, warum man solche Drachenbäume nie zu sehen bekommt, obwohl es doch so leicht möglich ist, aus seinen eigenen Drachenbeständen, oder besser noch mit den Modellen anderer Drachenfreunde zusammen, die großartigsten Gebilde zu schaffen. Der zusätzliche Aufwand beschränkt sich auf einige Schnüre und Ringe.

Um die Hauptleine möglichst flach zu halten, damit die Drachen an den Seitenleinen nicht mit ihr kollidieren können, müssen Sie an der richtigen Stelle etwas schwerere Drachen einfügen oder mit eingebundenen Gewichten (Vorsicht!) arbeiten.

Versuchen Sie auch ein ganz neues Spiel: Verankern Sie beide Enden der Hauptleine, die Sie mit großem Spielraum ausgelegt haben, am Boden. An den abzweigenden Seitenleinen befestigen Sie gleiche oder unterschiedliche Drachen, die Sie dann, zusammen mit einem oder mehreren Helfern, von der Mitte der Hauptleine ausgehend, starten. Wenn die Drachen und die Seitenleinen richtig abgestimmt sind, beschreibt die Hauptleine einen großen drachenbesetzten Bogen.

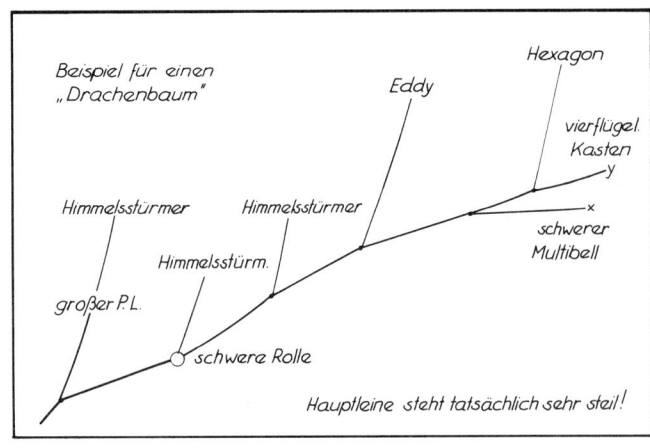

Bunte Drachenzüge

Für diesen Zweck eignen sich vorwiegend die Drachen, bei denen die Leine beim Verketten ohne zusätzliche Waagen, die den Anstellwinkel festlegen, durchgezogen werden kann und die einen steilen Leinenwinkel anstreben. Neben den bei den Ketten verwendeten Himmelsstürmern, Peter-Lynn-Kastendrachen, Eddy (mit kurzem Schwanz) und verdoppelter Sled eignen sich unter anderen auch der große Barrage und der berühmte Cody (Bauanleitungen s. Lit. 1). Ganz oben kann auch ein Drachen fliegen, der innerhalb der Reihe unbrauchbar wäre.

Während der Eddy ganz ohne zusätzliche Leinenführung auskommt, benötigen Peter-Lynn und Himmelsstürmer die Führungen, die ich bei den speziellen Ketten beschrieben habe. Der große Barrage bekommt eine entsprechende Führung auf den hinteren mittleren Längsstab, den ich, in Anlehnung an einen entsprechenden Ring beim Codydrachen, als Nasenring bezeichne. Beim Cody habe ich diesen Ring, einen Duschvorhangring, an zusätzlichen Stäben (schwarz gezeichnet) angebracht.

Mit verschiedenartigen Drachen können Sie auch Ketten mit einer durchlaufenden Leine schaffen. Ein ganz einfaches Beispiel ist die kombinierte Eddy-Winzling-Gespensterkette (Foto S. 109).

Oftmals möchte man größere Zugkräfte haben, die man mit einem einzelnen Drachen nicht erzeugen kann. Wenn man zu diesem Zweck mehrere große Drachen an eine durchlaufende Leine bindet, muß man solche Drachen auswählen, deren Leinenwinkel etwa übereinstimmen. Als wichtigste Maßnahme müssen Sie eine Vorrichtung anbringen (in der Regel wird es ein Ring sein, der sich öffnen läßt), die dafür sorgt, daß die einzelnen Drachen nicht aus der Richtung kippen können.

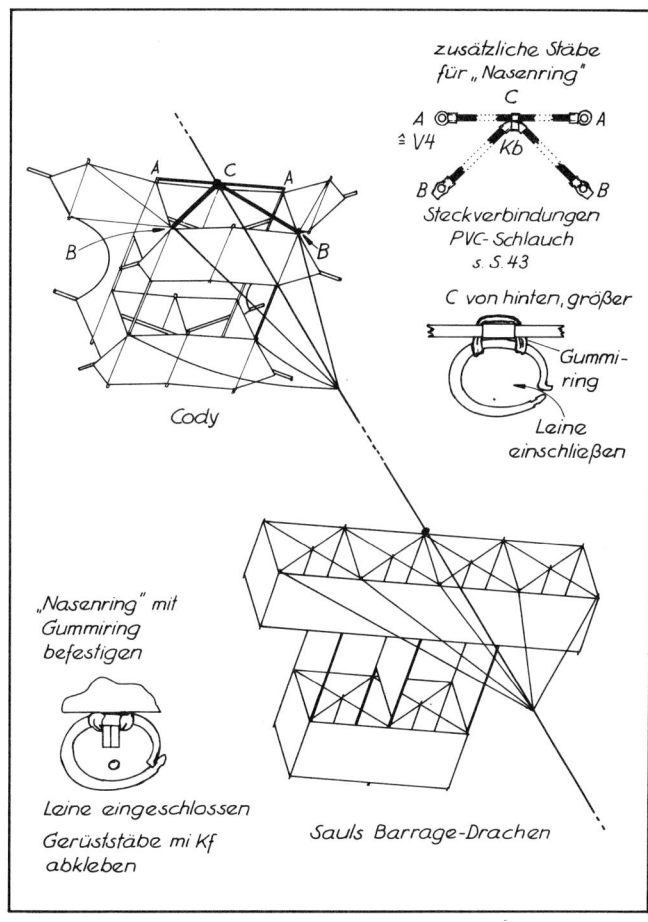

Drachen als Fähren

Die Fahrbahn für die Fährdrachen ist eine kräftige Drachenleine, die von einem großen Drachen oder auch einem Drachengespann wie eine schiefe Ebene aufgerichtet wird.

Als Fährdrachen eignen sich nur solche Drachen, die entlang der Leine an zwei möglichst weit auseinanderliegenden Punkten geführt werden können, so daß sie bei der Fahrt in der Richtung der Leine ausgerichtet bleiben. Den Zugring (oder das Hölzchen, an dem der Drachen üblicherweise angebunden wird) befestigt man an einem Schlüsselring, durch den die Drachenschnur läuft.

Die zweite Führung, durch die ebenfalls die Drachenleine geht, ist bei Barrage und Cody der Nasenring (s. S. 115), bei Himmelsstürmer und Peter-Lynn-Kastendrachen der Führungsring, wie er in den Ketten (s. S. 99 und 106) verwendet wird.

Sowohl der Auf- wie auch der Abstieg der Fähre wird über eine zusätzliche Zugleine reguliert. Die Drachenfähren sind ideale Zuggeräte für die Luftfotografie.

Die Idee, Drachen als Fähren einzusetzen, kam mir durch ein kleines Mißgeschick. Beim Einholen der einleinigen Himmelsstürmerkette machte sich einer der Drachen, der mit seinem Führungsring noch in der Leine war, selbständig und fuhr der Leine entlang nach oben bis zum nächsten Drachen. Anschließend experimentierte ich mit einem Fährgespann aus zwei Himmelsstürmern, die untereinander durch eine kurze Leine verbunden waren. Es ist wirklich erstaunlich, welche Transportleistung schon das Zweiergespann erbrachte. Ohne Mühe läßt sich das Fährgespann weiter ausbauen. Als Fährdrachen eignen sich auch Cody (s. Lit. 1), Barrage und Peter-Lynn-Kastendrachen sehr gut.

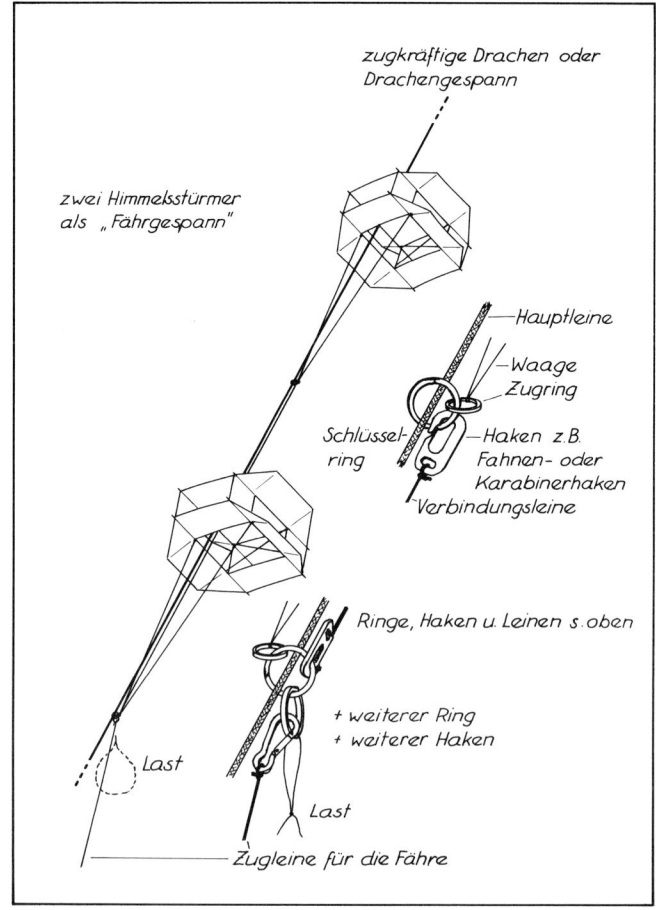

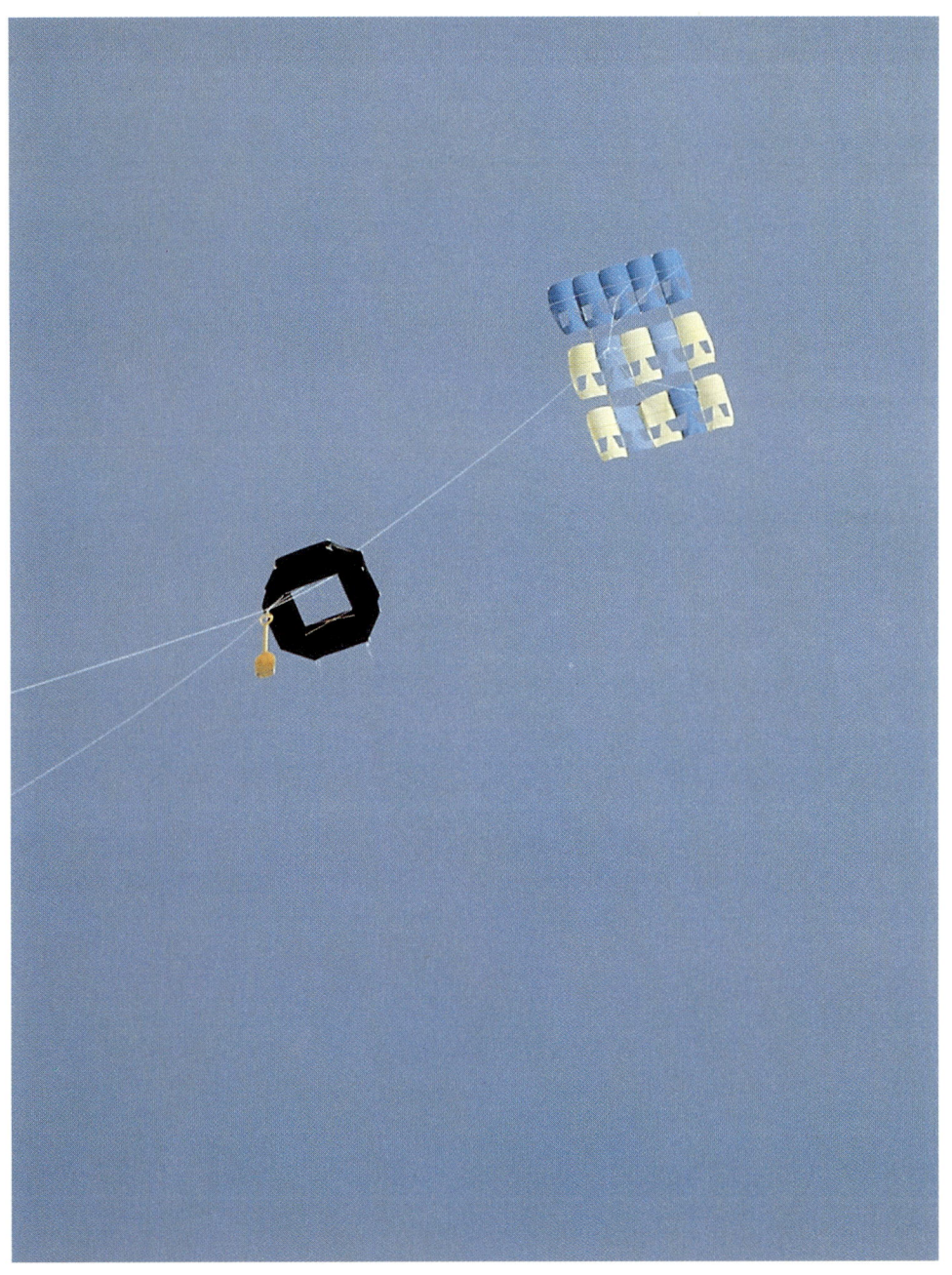

Die große Sled-Fünfzehnerkombination kann sogar bei leichtem Wind eine zuverlässige Fahrbahn aufrichten, auf der ein Himmelsstürmer als Lastenfähre nach oben fahren kann.

Tatzelwurm Justinus

Sie brauchen für eine Scheibe:
Peddigrohr, ⌀ 4 mm, zwei 60 cm und zwei 50 cm lange käufliche Bambussplittstäbe, Tyvek-Bespannung, Trinkhalm, ⌀ 5 mm, Schnurreste, Alleskleber. Materialbedarf für Kopf und Endmontage s.u.

Der Centipede (Hundert-, Tausendfüßler, Raupe oder auch Tatzelwurm genannt) stammt aus China, wo er mit furchterregendem Gesicht, kräftigen Farben und Federn an den Balancestäben ausgestattet wird.

Angeregt durch meinen Tatzelwurm Nr. 4, (Lit. 2), den ich inzwischen auf 30 Scheiben erweitert hatte, war der Wunsch einer Schülergruppe des Justinus-Kerner-Gymnasiums Heilbronn entstanden, als Gemeinschaftsarbeit einen großen Tatzelwurm zu bauen. Von Januar bis Mai 1988 planten, bauten und malten acht Schülerinnen und Schüler mit mir an dem Tatzelwurm. Der Jungfernflug wurde zu einem kleinen internen Drachenfest mit den Eltern und Geschwistern der Erbauer.

Der Durchmesser der tyvekbespannten Scheiben nimmt von vorne nach hinten ab. Hier die Maße in cm für unseren 52scheibigen Tatzelwurm:
48, 48, 47,5, 47, 47, 46,5, 46, 46, 45,5, 45, 45, 44,5, 44, 44, 43,5, 43, 43, 42,5, 42, 42, 41,5, 41, 41, 40,5, 40, 40, 39,5, 39, 39, 38,5, 38, 38, 37,5, 37, 37, 36,5, 36, 36, 35,5, 35, 35, 34,5, 34, 34, 33,5, 33, 33, 32,5, 32, 32, 31, 30.

In der Gestaltung des Kopfes ist man sehr frei, da er für die Flugfähigkeit des Tatzelwurms von untergeordneter Bedeutung ist. Er hat ein sehr kräftiges Gerüst aus Bambusrohr, das die großen Zugkräfte, die am Kopf über die Waage auf die Leine geleitet werden, aushalten kann.

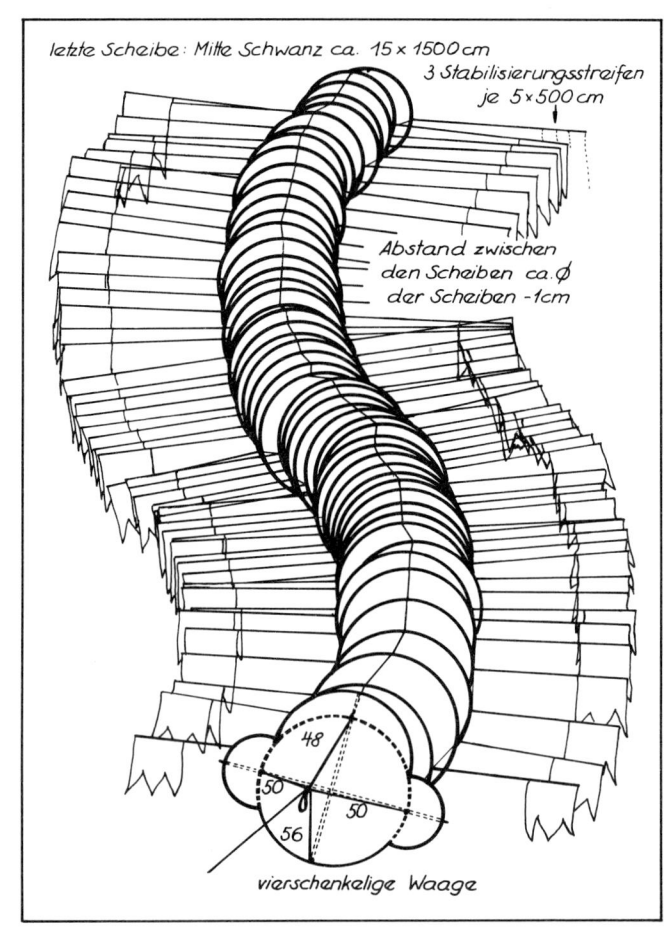

Spannen Sie das Tyvek auf, und zeichnen Sie einen Kreis in der Größe der Scheibe. Schieben Sie das obere Verbindungsteil auf das Peddigrohr, und kleben Sie dieses auf das Tyvek. Das Peddigrohr schneiden Sie erst ab, wenn Sie die Enden verbinden. Die Tyvekbespannung wird mit 1 cm Zugabe ausgeschnitten und die Zugabe um das Peddigrohr geklebt. Beschwert auf ebener Unterlage trocknen lassen. Balancestäbe mit Klebstoff und Trinkhalmabschnitten zusammensetzen, ausbalancieren, mit den Scheiben verbinden. Beim Zusammenhängen der Scheiben müssen Sie sehr sorgfältig arbeiten. Scheibenabstand ⌀ kleinere Scheibe 1 cm. Nehmen Sie für jeweils etwa 10 Scheiben die drei Verbindungsschnüre (Perlon oder Polyester, geflochten, ⌀ 1 mm) von der gleichen Schnurrolle. Spannen Sie diese drei Schnüre unter gleichem Zug nebeneinander, und bringen Sie darauf die Abstandsmarken (Bedarf für Knoten einkalkulieren) an. Die kurzen Schnürchen werden über der Leine verknotet, bevor die Leine mit einem Kreuzknoten und Klebstoff endgültig fixiert wird.

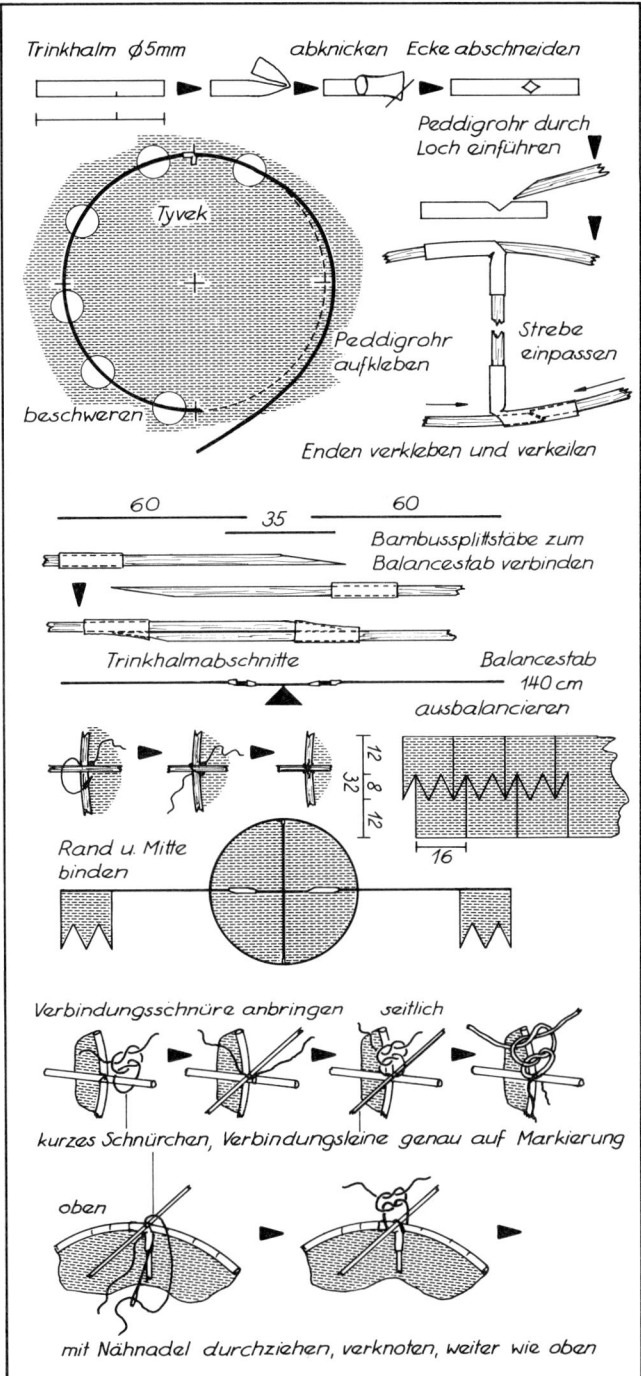

Foto links oben:
In der Drachenwerkstatt beim Verbinden der einzelnen Scheiben des Tatzelwurms. Jeweils 10 bis 12 Scheiben werden mit drei durchlaufenden Schnüren verbunden und daraus erst am Schluß der große Tatzelwurm zusammengebaut. An der Arbeit sind Hans, Michael, Anja, Valerie, Angelika und Thomas We. (Alexander und Thomas Wa. fehlen).

Foto links unten:
Der Tatzelwurm beim Jungfernflug in guter Gesellschaft mit einer Kastenkombination, einem Eddy, einem 2,5 m-Cody und der Peter-Lynn-Kette. Typisch ist die Flugstellung des Tatzelwurms: Kopf ganz unten, Scheiben nach oben gestaffelt. So verharrt er stundenlang und ändert dennoch ständig seine Form.

Foto rechts:
Der Tatzelwurm Justinus zeigt seine volle Größe. Lange Diskussionen gab es über die Gestaltung des Gesichts. Alle Beteiligten wünschten, ihr Werk nicht als furchterregendes Ungetüm, sondern als ein verschmitzt lächelndes Blumenkind zu sehen.

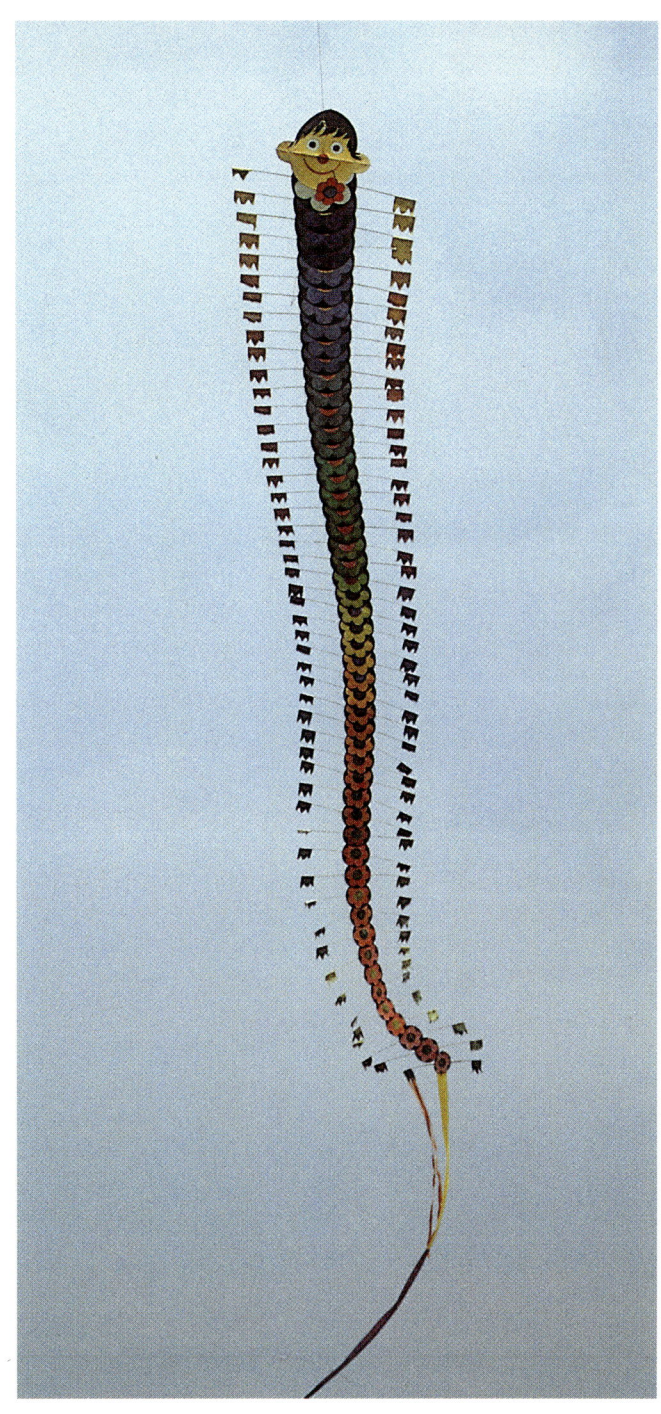

Der Kopf kann auch ganz anders gestaltet werden, z. B. räumlich als Pappmaschémaske auf einem Bambus- oder Drahtgeflecht. Wichtig ist nur, daß die vier Befestigungspunkte für die Waage (X) mit einem kräftigen Bambuskreuz verbunden sind. Von den drei oberen dieser Punkte werden die Verbindungsleinen zu den Scheiben geführt.

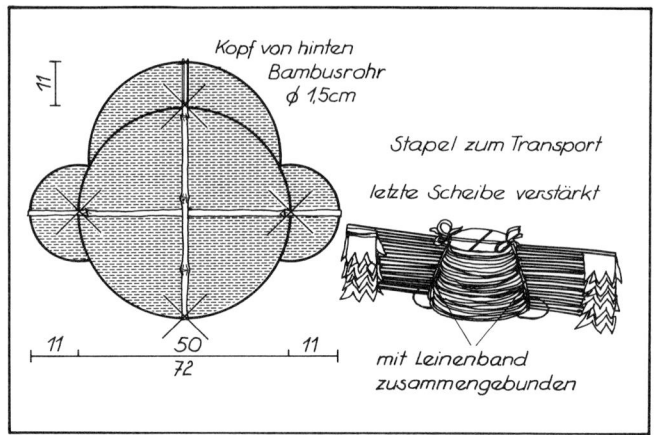

Transport:
Am Querstab des Kopfes wird links und rechts je ein langes Leinenband mit seiner Mitte angebunden. Alle Scheiben werden übereinandergestapelt von hinten auf den Kopf gelegt. Dann zieht man die Bänder, die Stäbe einschließend, zur letzten Scheibe und bindet sie dort, nachdem man sie unter dem Querstab innerhalb der Scheibe durchgezogen hat, zusammen. Beim Tragen benutzt man den verstärkten Querstab der letzten Scheibe als Tragegriff.

Der Start von Centipeden kann ganz unterschiedlich vonstatten gehen. Sehr leichtgewichtige Exemplare kann man, mit der obersten Scheibe beginnend, Scheibe für Scheibe auflassen. Diese Startmethode ist vor allem bei den Riesendrachen mit mehreren hundert Scheiben angebracht.

Bei meinen „Tatzelwürmern", die vom Bau her schon etwas schwerer sind, habe ich mit einem Hochstart, zumal auch bei mäßigen Windverhältnissen, recht gute Erfahrungen gemacht. Die Scheiben werden genau in Windrichtung ausgelegt, wobei man Gelegenheit nimmt, die einzelnen Elemente und ihre Befestigung zu prüfen. Dann werden etwa 30 m der mindestens 4 mm starken Leine abgerollt. Ein Starthelfer hebt die letzte Scheibe hoch und bietet dem Piloten an der Leine die nötige Gegenkraft, so daß der ganze Tatzelwurm gespannt wird. Mit einem kurzen Ruck, eventuell auch mit einigen kräftigen Laufschritten, wird der Aufstieg des Drachens eingeleitet. Wenn der Drachen Höhe gewinnen soll, muß die Leine gut unter Zug bleiben. Ist der Wind zu schwach und die Kraft an der Leine zu klein, gerät der Tatzelwurm in wildes Schaukeln, und sein Niedergang ist nur eine Frage der Zeit. Ab Windstärke 3 Bft gibt es mit der Flugstabilität keine Schwierigkeiten, und man ist froh, wenn man ihn bald an einen sicheren Anker anbinden darf. Der Flug eines Tatzelwurms ist immer ein großes Erlebnis.

Sicherheit und Informationen

Sicherheitsfragen

Die Sicherheitsregeln, die für das Steigenlassen von Drachen allgemein gelten, kann man nicht oft genug wiederholen. Ich möchte hier noch auf weitere Gefahren aufmerksam machen, die sich durch die speziellen Eigenschaften der hier beschriebenen Flugkörper ergeben:

Das Fluggelände muß möglichst weitab von Hochspannungsleitungen, befahrenen Straßen, Eisenbahnlinien und Flughäfen liegen.

Die Flughöhe ist auf 100 m zu begrenzen (in manchen Städten gelten niedrigere Höchstgrenzen).

Lassen Sie Drachen niemals bei einem Gewitter steigen, und meiden Sie Leinenmaterial, das Leiter für den elektrischen Strom enthält.

Tragen Sie unbedingt gut sitzende Handschuhe, um Ihre Hände vor Verletzungen an den Leinen zu schützen, und lassen Sie Schnüre oder Seile, die unter starkem Zug stehen, niemals durch die Hände gleiten, sondern geben Sie nur dadurch dem Drachen mehr Leine, daß Sie Hand über Hand übergreifen. Wickeln Sie eine stark ziehende Drachenschnur niemals um Ihre Hände.

Mit einer großen Kombination, erst recht aber mit einer langen Kette, sind Sie weit weniger beweglich als mit einem Einzeldrachen. Sprechen Sie sich mit anderen Drachenpiloten ab, damit Sie mit ihnen nicht ins Gehege kommen. Gegenseitige Rücksichtnahme und Kommunikation verbinden.

Wenn bei einem Einzeldrachen die Gegenkraft an der Leine wegfällt (z.B. die Drachenschnur reißt) wird er sich wegbewegen und in der Regel in überschaubarer Entfernung niedergehen. Dagegen behält eine Kette, die sich selbständig macht, in den unteren Kettengliedern eine wirksame Gegenkraft, so daß sie über viele Kilometer dahinschweben kann, vor allem dann, wenn die unteren Kettenelemente immer wieder am Boden hängenbleiben und die oberen Drachen wieder steigen können. Die Kette kann somit in gefährliches Gelände geraten, das Sie in Ihre Sicherheitsüberlegungen überhaupt nicht einbezogen hatten. Wichtigste Vorsichtsmaßnahmen: Überdimensionierte Drachenleinen, sichere Verankerung, zuverlässige Helfer und noch größerer Abstand zu allen Gefahrenquellen im Gelände.

Es wäre wirklich schlimm, wenn irgend jemand durch unsere Liebhaberei Schaden erleiden müßte.

Drachenfeste und Bauaktionen

Drachenfeste ziehen Tausende von Besuchern an. Sie werden von ganz unterschiedlichen Institutionen organisiert. Initiatoren sind oftmals örtliche Drachenvereinigungen, Drachengeschäfte, Zeitungen, Rundfunksender, Schulen, Sport- und andere Vereine. Sie sind meistens nicht nur Veranstaltungen, an denen engagierte Drachenspezialisten ihre tollen Fluggeräte vorführen, sondern auch Gelegenheiten für jedermann, seine eigenen Drachen steigen zu lassen oder gar an einer fachmännisch geleiteten Drachenbauaktion teilzunehmen. Hören Sie sich in Ihrer Region um, ob es bei Ihnen nicht auch solche Veranstaltungen gibt. Oder wie wäre es, wenn Sie selbst die Initiative ergriffen? – Es kann auch ein Drachenspaß im kleinen Freundeskreis sein.

Informationen vom DCD

Informationen über Aktivitäten in Drachensachen gibt in Deutschland der Drachen-Club-Deutschland e.V. (DCD), Postfach 101707, D-2000 Hamburg 1. Die Clubzeitschrift „HOCH HINAUS" enthält außer Berichten und Informationen (z.B. die jeweils aktuellen Terminkalender der regionalen und internationalen Drachenfeste) auch nützliche Tips für den Bau und über den Umgang mit Drachen. Auf Anfrage verschickt der Club Informations-

Himmelsstürmer, Cody, großer Barrage und Peter-Lynn-Kastendrachen streben einen steilen Leinenwinkel an und harmonieren daher in einer gemeinsamen Kette.

material (z.B. Listen der einschlägigen Literatur, und der Drachengeschäfte, Tips für die Organisation von Drachenfesten und Workshops). Darüber hinaus gibt es auch regionale und auch örtliche Drachenclubs, die nicht immer den Status eines eingetragenen Vereins haben.

Einkaufsquellen

Die Beschaffung des richtigen Baumaterials für Drachen macht in Deutschland kaum noch Mühe. Die Drachengeschäfte, die man fast in jeder größeren Stadt findet, sind nicht nur die besten Einkaufsquellen, sondern oftmals auch wichtige Treffpunkte für Drachenfreunde. Viele Bastlerläden und Geschäfte für technische Spielwaren haben sich ebenfalls auf den Drachenboom eingestellt. Sehr preiswert finden Sie manche Materialien auch in Baumärkten, Eisen-, Seiler- und Anglergeschäften.

Zum Schluß

Wenn Sie viele Drachen gleichzeitig steigenlassen wollen, werden Sie schnell merken, daß dies am besten in der Gemeinschaft mit anderen Menschen gelingt.

Alle hier vorgestellten Drachenmodelle habe ich selbst gebaut, sofern ein anderer Erbauer nicht ausdrücklich genannt wird. Aber bei der Erprobung der zahlreichen Spielarten war ich auf die Hilfe vieler Leute angewiesen. Manchmal waren es mir ganz Fremde, die spontan zu Hilfe eilten, dann waren es Bekannte oder Freunde (ausdrücklich erwähnen möchte ich meinen Freund Harald Heuer aus Uelzen), die mit Hand anlegten, einem Drachen einmal aufhalfen, die Leine sicherten oder auch den Verschluß meiner Kamera betätigten. Ganz unmöglich wäre aber die Arbeit für dieses Buch ohne die tatkräftige Unterstützung durch meine Frau, meine Tochter Maresa und meine erwachsenen Söhne Bernhard, Michael und Stephan zu bewältigen gewesen. Allen Genannten und den vielen Ungenannten gilt mein ganz herzlicher Dank.

Werner Backes

Literatur (Auswahl)

A. Literatur, auf die im vorliegenden Buch Bezug genommen wird oder die Beiträge zum Thema Kombinationen oder Ketten enthält:

1 Backes, Werner: Drachen aus aller Welt, Ravensburger Buchverlag, 1986 (Bauanleitungen)

2 Backes, Werner: Drachen bauen, Ravensburger Buchverlag, 1984 (Bauanleitungen)

3 Backes, Werner: Drachen – einfach und schnell gebaut, Ravensburger Buchverlag, 1987 (Bauanleitungen)

4 Hiroi, Tsutomu: Kites Sculpting the Sky, Pantheon Books, New York, 1978 (enthält Kastendrachen aus Flächenelementen)

5 Kuroda Takaji: Majiku Dako (Zauberhafte Drachen), Japan, 1980 (enthält Kastendrachen aus starren Kastenelementen aufgebaut)

6 Ohashi, Eiji: Sosaku Tsure Dako (Drachenzüge machen), Japan, 1981. Einziges Spezialwerk über Drachenketten, die hauptsächlich aus kleinen Elementen bestehen.

7 Ohashi, Eiji: Ana Dako, Paneru Dako (offene Zellendrachen und Drachen aus Flächenelementen), Japan, 1983

8 Schimmelpfennig, Wolfgang: Hobby Drachen, Falken-Verlag Niederhausen/Ts., 1987 (enthält 3 Ketten)

B. Allgemeine Literatur zum Thema Drachenbau (Auswahl):

Angeletti, Maurizio: Costruire Aquiloni (Drachen bauen), Mailand, 1986 (Italienisch)

Bodóczky, István: Sárkányépítés (Drachen), Budapest 1982, (Ungarisch)

Hart, Clive: Kites an historical survey, P.P. Appel, Publisher, New York, 1967, 1982

Moulton, Ron: Das Drachenbuch, Ravensburger Buchverlag 1982

Pelham, David: DuMont's Bastelbuch der Drachen, Köln, 1977

Picon, Daniel: Cerfs-volants (Drachen), Edition Fleurus, Paris, 1985

Veen, Harm van: Vliegers zelfmaken, Cantecleer, de Bilt, Holland, 1980

Velthuizen, Nop und Van der Loo, Gerard: Fotografierende Vliegers, Elmar, Rijswijk (Holland), 1988

Winkel, Friedhelm: Wir bauen Drachen, Der Kinderbuchverlag Berlin, 1986

C. Zeitschriften:

HOCH HINAUS, Magazin des Drachen-Club-Deutschland (DCD), erscheint unregelmäßig etwa viermal im Jahr, zu beziehen durch den DCD, Postfach 10 17 07, D-2000 Hamburg 1

Kite Lines, Aelus Press, Inc. Liberty Road, Randallstown, Maryland 21133, USA (erscheint etwa 2- bis 3mal pro Jahr, in guten Drachengeschäften in Deutschland erhältlich)

Vlieger, Holländische Drachenzeitschrift, Vliegerpromotie, Julius Röntgenstraat 2, NL 2551 KT Den Haag erscheint ganz regelmäßig 6mal pro Jahr (7. Jahrgang 1989)

Register

Achtknoten 54, 59
Achsholm 10

Baden-Powell, B.F.S. 67
Bambusleistchen 47, 50 ff, 62
Bambusrohr 15, 63
Bambussplittstäbe 83, 118 ff
Barrage 115
Bauaktionen 15, 124
Baustellenabsperrband (Schwanz) 78 ff
Bauteile 10
Bell 45
Bespannung 10
Blümchenkette 63 ff
Buchtknoten 14, 16, 99

Centipede 118 ff
Cody, Samuel F. 67, 115
Colladon, D. 66
Conyne, Silas J. 67
Cordner, Fr.E.J, 67

D-Ring 16
Definitionen 7
Deltakette 90
Doppelkastenkette 98
Doppelknopf-Technik 87
Dosenklemme 74
Dosenring 16, 70, 79
Drachen als Fähren 116 ff
Drachen, Definition 7
Drachen-Club-Deutschland, DCD 124
Drachenbaum 113 ff
Drachenketten Def. 7
Drachenkombinationen 11 ff
Drachenviereck, -kette 59
Drachenviereckkette 59, 110
Drachenzüge, bunte 115
Dreieckskastenkette 98
Dreifachknoten 34
Duschvorhangring 99, 106, 115

Eddy, William A. 67, 87
Eddy-Kette 56, 87
Eddy-Winzling (-Kette) 54 ff
Einkaufsquellen 126
Einstellhilfe s. Dosenklemme
Element 44

Flächenelemente 44 ff
Flaggenkette 60 ff
Fähre 116

GFK-Rohr, -Stab 78 ff, 83
Gespensterkette 58
Grauel, Ed 15
Gummiringe 22

Hargrave 67
Hennestrand 53
Himmelsleiter 68 ff
Himmelsstürmer 30 ff, 99 ff, 113 ff, 116 ff
Himmelsstürmer, vereinfachter 34
Himmelsstürmerketten 99 ff
Himmelsstürmerkombinationen 30 ff
Horizontalwaage 10, 28
Hundertfüßler s. Centipede
Höhenrekord 67

Informationen 124

Kampfdrachen, Koreanischer 78
Kantenstab 19, 27, 91
Kastendrachenkette 94 ff
Kastenkombinationen 18 ff
Ketten, Def. 7, 46
Koreanisches Rechteck (Kette) 78 ff
Kreppapierschwanz 47, 50, 63
Kreuzwirbel 74, 111

Landen 107
Laufknoten 86, 95, 111
Lecornu 9, 27
Leichtwinddrachen 30 ff
Leistchen formen 64
Leitdrachen 59
Lieschenkette 83 ff
Lindenberg (Höhenrekord) 67

Madiot 67
Mehrfachknoten 34, 37, 39, 42
Melville, Thomas 66
Multibell 113 ff

Nasenring 115

Ohashi, Eiji 94

Panzerrohr 19, 43
Papierfaltdrachen (-kette) 47 ff
Papiersled, Papiersledkette 47, 52
PE-Folie 56, 62
Peddigrohr 118 ff
Peter-Lynn-Kastendrachen 34 ff
Peter-Lynn-Kette 103 ff
Peter-Lynn-Kombinationen 36 ff
Pocock, George 66

Raupe s. Centipede
Regenschirmkette 73 ff
Rekord (Kette) 67

Saconney 67
Scheveningen 5, 32, 72, 80
Schlauchstücke 22, 31
Schlittendrachen 15 ff
Schnurwicklung 39
Schreiber 67
Schwäb. Gmünd (Drachenfest) 69
Schwanzschleife 50, 55
Seitenleinen 110 ff
Sicherheit 123
Sled 15 ff
Sledketten 68 ff, 110
Sledkombinationen 15 ff
Spannschnur 34, 38
Spinnakernylon 30, 35, 75, 78, 87
Spreizen, Spreizstab 16, 19, 39, 91
Spreizenmechanismus 18 ff
Starten 107
Startmaschine 71
Steckmethode 22 ff
Steckverbindungen 19, 22, 24, 31, 34, 42 ff
Stern, sechsunddreißigzellig 44, 45
Styropor-Untertapete 62

Taschen 30 ff, 39, 74, u.a.
Tatzelwurm Justinus 118 ff
Tausendfüßler s. Centipede
Transport 18, 82, 106, 122
Transportbehälter 20, 55, 58
Trinkhalm 47, 54, 58, 118 ff
Tyvek 18, 34, 35, 83

Verbinden (Ketten) 55, 59, 74, 79, 86, 88, 91 ff
Verbundwaage 10
Verschnüren 23, 26 ff
Vertikalwaage 10
Vorhanggleiter (-haken) 16, 74 ff, 99, 111

Webeleinenstek 26, 39, 47, 75, 94
Weingarten (Drachenfest) 48 ff
Wilson, Alexander 66

Zelle 10 u.a.
Zugring 10 u.a.